Ursula Maria Ruf
Einfach schwer – in Ordnung

Ursula Maria Ruf

# EINFACH SCHWER – IN ORDNUNG

Rediroma-Verlag

Bibliografische Information der Deutschen Nationalbibliothek:
Die Deutsche Nationalbibliothek verzeichnet diese Publikation in der Deutschen Nationalbibliografie; detaillierte bibliografische Daten sind im Internet über http://dnb.ddb.de abrufbar.

ISBN 978-3-86870-927-8



www.rediroma-verlag.de
16,90 Euro (D)
19,90 CHF

Für meinen Mann
und meine Eltern
in großer Dankbarkeit und Liebe.

Vorwort

Sei in erster Linie ehrlich zu dir selbst,
halte dir selbst den Spiegel vor und sehe dich, wie DU bist –
dann musst du die Ehrlichkeit anderer nicht fürchten,
denn nur du kennst DEINE eigene Wahrheit!

Teil 1 – Juli 2013

Heute ist der 11.07.2013. Vor genau zwölf Monaten, am 11.07.2012, habe ich mich nach sieben Monaten Spitalaufenthalt selbst entlassen. Als ich ins Krankenhaus kam, wog ich sage und schreibe 265 kg, hatte ein Lip-Lymphödem, Stadium 3, Herzinsuffizienz, Schlafapnoe, war inkontinent und konnte nicht mehr laufen – seitdem habe ich mich halbiert, das Lip-Lymphödem ist noch da, aber viel besser geworden, die Herzinsuffizienz, die Schlafapnoe und die Inkontinenz sind komplett weg. Laufen kann ich im Moment leider immer noch nicht, da ich derzeit einen Arzt suche, der bereit ist, trotz der großen Risiken, meine Knie zu operieren.

In diesem Buch möchte ich von meinem langen, harten und steinigen Weg in ein neues Leben berichten.

Ich möchte darüber erzählen, wie ich es 30 Jahre geschafft habe, trotz meines hohen Gewichtes und der damit verbundenen Einschränkungen selbstbewusst und positiv zu bleiben, und natürlich möchte ich erzählen, wie ich es geschafft habe und noch weiter schaffen werde, mein Leben zu ändern.

Ich möchte Mut machen – allen Menschen mit Handicap (welchem auch immer) – sich nicht einzusperren, sich nicht aufzugeben – durchzuhalten und sich selbst anzunehmen, wie man ist. Jeder Mensch ist etwas Besonderes und gerade Menschen mit Handicap sollten sich das bewusst machen.

Wenn ich es mit meinem Buch schaffe, nur einige Menschen anzusprechen, sie zu motivieren und aufzubauen, dann habe ich mein Ziel erreicht.

## Inhalt

# Teil 1

## Berufung

Greif zu, o Mensch, greif zu,
Wenn dir der Himmel reicht die offne Hand,
Sonst denke nicht, dass du
Einst seist im Buch des Glückes mit genannt.
Wer diesen Wink des Himmels nicht beachtet,
Der sieht auch nicht des Himmels Rathschluß ein
Und wird, wie er auch nach dem Glücke trachtet,
Doch ohne Glück, so lang er trachtet, sein.

Greif zu, o Volk, greif zu,
Wenn dir der Himmel reicht die offne Hand,
Sonst denke nicht, dass du
Einst seist im Buch der Völker mit genannt.
Wenn diesen Fingerzeig du nicht beachtest,
Wirst du dem Tod, dem Untergang dich weihn
Und, ob du auch nach Glanz und Führung trachtest,
Doch unter Völkern nur ein Völkchen sein.

Greif zu, o Fürst, greif zu,
Wenn dir der Himmel reicht die offne Hand,
Sonst denke nicht, dass du
Einst seist im Buch der Fürsten mit genannt.
Ein Herrscher der des Himmels Stimme achtet.
Die ihn beruft, der Völker Heil zu sein,
Bei dem stellt sich das Glück, nach dem er trachtet,
Ja ganz von selbst, als Himmelsgabe, ein.
(Karl May)

Vor vielen Jahre wurde mir von einer Kartenlegerin vorhergesagt, dass ich eines Tages ein Buch schreiben würde – ein Buch über mich selbst und meinen Lebensweg. Das Buch sollte dazu dienen, nicht nur meine Geschichte zu erzählen, sondern auch anderen Menschen, die in ähnlichen Situationen sind, Mut zu machen, sie zu motivieren und ihnen dabei zu helfen, einen Weg aus der Krise zu finden.

Das sei meine Lebensaufgabe!

Damals habe ich darüber nur den Kopf geschüttelt. Ich und ein Buch schreiben? Wen sollte das schon interessieren und so spannend fand ich mein Leben wirklich nicht.

Zu diesem Zeitpunkt ging es mir gut, ich war beruflich mit meiner Internetagentur mehr oder weniger erfolgreich, lebte damals bereits mit meinem Mann in einer glücklichen Beziehung und ich hatte mich mit meinem Schicksal – meinem Handicap »abgefunden«.

Mein Handicap ist, oder ich sollte besser sagen, war, mein Gewicht. Ich wog seit meinem 21. Lebensjahr über 200 kg und hatte Lip-Lymphödeme am ganzen Körper im Stadium 3 und dadurch bedingt Adipositas.

Laut Ärzten ist das in diesem Stadium eine unheilbare Krankheit, mit der ich gelernt hatte zu leben.

Irgendwann im Lauf der vielen Jahre hatte ich gelernt, mit dem Übergewicht zurechtzukommen und nicht darunter zu leiden.

Ich war ansonsten immer gesund, hatte weder mit Diabetes noch mit Bluthochdruck etc. zu tun. Meine Blutwerte waren immer bestens.

Aber im Laufe der Jahre machten meine Knochen nicht mehr mit. Mit der Zeit wurde ich immer immobiler, konnte nur kurze Strecken laufen und hatte permanent sehr große Schmerzen in den Beinen.

Wir wanderten 2009 in die Schweiz aus und ich machte meine ersten spirituellen Erfahrungen, hatte plötzlich Kontakt zu Heilern, Kartenlegern, Hellsehern, Handlesern und Medien.

Ständig sagten mir diese Leute unabhängig voneinander, dass ich sehr spirituell sei und auch endlich anfangen solle, spirituell zu arbeiten.

Immer wieder bekam ich zu hören, dass es meine Aufgabe sei, ein Buch zu schreiben und meine Geschichte in die Welt zu tragen, damit andere aus meinen Erfahrungen lernen können. Auch sagten mir diese Menschen immer wieder, sie würden mich mit einer »normalen« Figur sehen.

Für mich absolut unrealistisch. Wie sollte ich so viel abnehmen? Bei Lip-Lymphödemen bringen Diäten keinen Erfolg.

Ich wusste, dass mir einzig Bewegung helfen würde, aber bewege dich mal mit über 200 kg!? Im Nachhinein ist es mir ein Rätsel, wie ich es all die Jahre überhaupt geschafft habe zu laufen und ein einigermaßen »normales« Leben zu führen, auch an Sport war nicht zu denken!

Mittlerweile konnte ich lediglich mit Hilfe des Rollators noch einige Schritte laufen.

Im Februar 2011 besuchte ich ein Engelseminar. Dieses Seminar hat zum Ziel, dass man den Namen seines Schutzengels erfährt und in Kontakt mit ihm kommt. Das macht man in diesem Seminar mithilfe eines Schreibbrettes.

Das Seminar endete, und als ich am Abend einige Minuten alleine war, hatte ich plötzlich das Gefühl, dass sich der Raum, in dem ich war, gefüllt hatte. Es war aber keiner da.

Nun »hörte« ich, wie die geistige Welt mit mir sprach. Unter anderem sagten sie mir, dass ich mir bewusst machen sollte, dass sie schon immer mit mir reden würden, ich es aber nicht realisiert hätte.

Bis dato wusste ich ehrlich gesagt nicht, was damit gemeint war, wenn andere mir sagten, ich sei spirituell.

Nun bekam ich ganz langsam eine Ahnung davon.

Nach diesem ersten bewussten Erlebnis mit der geistigen Welt war ich ziemlich geplättet.

Am nächsten Abend, wieder zuhause nach dem Seminar, dachte ich bei mir, dass es doch auch möglich ist, einen Stift ganz locker in die Hand zu nehmen und einfach mal abzuwarten, was passiert.

Ich bereitete mich also genauso vor mit der geistigen Welt Kontakt aufzunehmen, wie ich es im Seminar gelernt hatte, und als ich die Energie im Raum spürte, nahm ich den Stift ganz locker in die Hand.

Und tatsächlich! Es funktionierte! Genau wie mit dem Brett bekam mein Stift ein Eigenleben und machte Kreise für ein JA und Striche für ein Nein.

Mir lief es ehrlich gesagt heiß und kalt den Rücken herunter – ich gestehe, es war mir schon etwas unheimlich. Neben mir (es war Mitternacht und ich saß auf meinem Bett) schlief mein Mann selig vor sich hin.

Nachdem ich recht viele Fragen gestellt hatte, kam ich endlich auf die Idee, meine Fragen auch aufzuschreiben und die Engel zu bitten in ganzen Sätzen zu antworten.

Ich kann mir vorstellen, der ein oder andere wird jetzt den Kopf schütteln und mich für verrückt halten. Aber ich schwöre es, es war genauso, wie ich es hier beschreibe. Es war einfach unglaublich.

Da antwortete mir jemand und schrieb in einer Schrift, die auf keinen Fall meine war.

Irgendwann sagten sie (ich bin davon überzeugt, dass das Universum mit mir schreibt – ob Engel, geistige Welt, Gott, höhere Macht, bleibt jedem selbst überlassen) dass ich ein Schreibmedium sei und meine Aufgabe sei unter anderem, dass ich ein Buch über meine Geschichte schreibe und ein Internettagebuch führen soll.

Ich hatte zu der Zeit bereits einen Blog, den ich aber nur sehr sporadisch gepflegt hatte, und ich habe daraufhin damit begonnen meinen Internetblog regelmäßig zu aktualisieren.

Im Juli 2011 besuchte ich dann ein Seminar von Eva-Maria Mora (Quantum Engel Heilung), bei dem uns gezeigt wurde, wie wir mit Hilfe der Engel nicht nur uns selbst, sondern auch andere Menschen heilen können und wie einfach es ist, mit der geistigen Welt zu kommunizieren.

Ich durfte in einer Meditation das erste Mal mich selbst in der Zukunft sehen. Ich war mobil, konnte laufen und war schlank. Und wieder versprach mir die geistige Welt Besserung und Heilung und beauftragte mich damit, ein Buch zu schreiben.

Obwohl mir Besserung prophezeit wurde, verschlechterte sich unmittelbar nach dem Seminar mein Gesundheitszustand rapide.

Ich konnte gar nicht mehr selbstständig aufstehen und verbrachte meine Tage überwiegend im Bett.

Irgendwann konnte ich nicht mehr! Ich schrieb einen Brief. Einen Beschwerdebrief ans Universum. In diesem Brief beschwerte ich mich über meinen Zustand und forderte Hilfe ein.

Eine Woche später bat ich meinen Arzt, mich ins Spital zu bringen. Dort war ich mit kleiner zweiwöchiger Unterbrechung von Dezember 2011 bis Juli 2012.

Letztendlich habe ich mich von den Ärzten überzeugen lassen, dass die einzige Möglichkeit schnell abzunehmen eine Magenoperation ist. Sie sagten mir damals, dass ich wegen der Lip-Lymphproblematik sicher nicht mehr als 40 bis 50 kg abnehmen würde, aber auch das eine große Verbesserung meiner damaligen Situation sei. Letztendlich habe ich mich also einer Schlauchmagenoperation unterzogen.

Bis jetzt – August 2013 – habe ich ca. 120 kg abgenommen. Die Lymph-Lipödeme sind wider Erwarten fast vollständig weg und mir geht es, wenn man von meinen Knien absieht, so gut wie noch nie in den letzten 25 Jahren. Bereits mit 23 Jahren war ich schwerer als zurzeit.

Leider kann ich immer noch nicht laufen, weil meine Kniegelenke kaputt sind. Daher waren die letzten eineinhalb Jahre nicht immer leicht.

Mir ging es gesundheitlich seit meiner Spitalentlassung gut, aber ich war ans Bett gefesselt.

Da ich meine Knie absolut nicht belasten und nicht aufstehen kann, war es nicht möglich mich in einen Rollstuhl zu transferieren.

Daher verbrachte ich, obwohl ich gesund bin, fast ein ganzes Jahr ausschließlich im Bett.

Seit einigen Wochen habe ich einen Aufstehlifter und einen Rollstuhl. Da diese Geräte nur bis 150 kg Gewicht ausgelegt sind, ist das aber erst möglich, seit ich leichter bin.

Aber ich bin nach wie vor ein 100%-Pflegefall. Mein Mann hat diese Aufgabe übernommen und somit sind wir nicht auf die Hilfe eines Sozialdienstes oder der Spitex angewiesen.

Derzeit suchen wir nach einem Spital, welches geeignet und bereit ist, diese schwere Operation durchzuführen.

In spätestem einem weiteren Jahr werde ich laufen können. Abgenommen habe ich bereits und wenn ich erst wieder laufen kann, werde ich sicherlich noch viel mehr abnehmen.

Ich habe noch einen weiten Weg vor mir. Es stehen als erstes die Knieoperationen an, dann werde ich laufen lernen und anschließend müssen dringend diverse Hauttransplantationen vorgenommen werden.

Auf jeden Fall bin ich mittlerweile sehr sicher, dass alles, was das Universum, die Engel oder wer auch immer prophezeit hat, auch so eintreten wird.

Das Universum ist auf Hochtouren dabei, sein Versprechen einzulösen und dementsprechend nutze ich die Zeit bis zur vollständigen Wiederherstellung meiner Gesundheit, um meine Aufgabe zu erledigen.

Viele Menschen sind, genau wie ich auch, auf der Suche.

Auf der Suche nach ihrer Lebensaufgabe. Das Leben muss doch irgendeinen Sinn haben. Wir kommen doch nicht einfach so auf diese Erde. Das Leben muss doch mehr beinhalten als arbeiten, essen, trinken, schlafen.

Ich glaube, dass wir uns – bevor wir auf die Erde inkarnieren – überlegen, welche Aufgaben wir in diesem Leben lösen wollen. Welchen Weg wir wählen, dabei sind wir immer wieder frei zu entscheiden und können die Weichen neu stellen, aber das Ziel steht fest.

Meiner Meinung nach ist eine meiner Lebensaufgaben auch zu lernen, wie es ist, »eingesperrt« zu sein.

Mein Weg führte mich über die Immobilität ins »Gefängnis«.

Aus irgendeinem Grund brauche ich diese Erfahrungen. Diese Erkenntnis macht es für mich einfacher, mit den Gegebenheiten zurechtzukommen.

Der ein oder andere mag vielleicht darüber lächeln und sich denken, dass ich es mir leicht mache.

Und es stimmt – ich mache es mir leicht.

Ich versuche anzunehmen, was da ist, und zu akzeptieren. Leider gelingt es mir nicht immer!

Das heißt nicht, dass ich nichts tue und alles geschehen lasse –, aber es heißt, dass ich versuche, keine negativen Emotionen aufkommen zu lassen. Diese würden mich nur auf meinem Weg behindern, ich würde mir selbst Fallen stellen.

Da ich aber möchte, dass ich bald ans Ziel komme, möchte ich Fallen so weit wie möglich aus dem Weg gehen.

Ich glaube übrigens, dass ich mittlerweile erkannt habe, was wirklich meine Berufung, mein Lebensplan ist – und ich glaube, dass ich auf dem besten Weg bin diese Berufung auch zu leben.

Was das ist? Darüber dürft ihr spekulieren.

Auf jeden Fall habe ich jetzt mehr als genug Stoff, um über mich erzählen zu können und ein Buch zu schreiben. Dieses Buch hast du gerade vor dir liegen.

Es ist keine Biographie im herkömmlichen Sinn. Auf meinem Blog kann man zeitnah Details, Emotionen und Infos aus den letzten Jahren, die im Buch nur gestreift werden, nachlesen.

Jedes Kapitel in diesem Buch steht unter einem bestimmten Begriff, zu dem ich über mich erzähle und meine Gedanken mitteile. Das heißt, du kannst das Buch natürlich von Anfang bis Ende lesen, du kannst aber auch mittendrin beginnen – bei dem Kapitel das dich in deiner jetzigen Situation gerade anspricht.

Ich möchte Mut machen, dich motivieren, gegen alle Widerstände deinen Weg zu gehen. Wenn ich es schaffe, nur einem einzigen Menschen durch mein Buch zu helfen, dann habe ich mein Ziel erreicht.

Und nun wünsche ich Dir viel Spaß beim Lesen!

## Gerechtigkeit

Gerechtigkeit ist Liebe mit sehenden Augen.

*Friedrich Wilhelm Nietzsche (1844 - 1900),*
*deutscher Philosoph, Essayist, Lyriker und Schriftsteller*

Ist unsere Welt gerecht?

Es gibt so viele Menschen die in Not und Armut leben, es gibt ganze Völker die Hunger leiden, Länder, die im Krieg miteinander sind, kranke, behinderte Menschen auf der einen Seite.

Auf der anderen Seite aber auch extrem reiche Menschen, die im Überfluss leben, Menschen, die toll aussehen und vor Gesundheit nur so strotzen.

Ich glaube, Gerechtigkeit hat etwas mit Neid und Vergleich zu tun, man empfindet dann Ungerechtigkeit, wenn etwas nicht im Gleichgewicht ist. Der Arme empfindet es als ungerecht, weil er weiß, dass es Menschen gibt die im Überfluss leben.

Der unbekannte Autor empfindet es als ungerecht, weil er weiß dass andere Autoren mit ähnlichen Büchern mehr Erfolg haben.

Der Kranke empfindet es als ungerecht, weil er weiß, dass es gesunde Menschen gibt.

Ungerechtigkeit gäbe es nicht, wenn alle gleich wären.

Auch ich fühlte mich schon sehr oft ungerecht behandelt.

Das ging schon in der Schule los. Ich war eine gute Schülerin und bin auch, außer in der schwierigen Pubertätszeit, gerne in die Schule gegangen.

Aber ich musste hart arbeiten und lernen, um gute Zensuren zu bekommen – und ich fand es extrem unfair, dass es Mitschüler gab, die sich nicht anstrengen mussten – nie lernten und trotzdem bessere oder gleichwertige Noten hatten wie ich.

Ich war 21 Jahre alt und mit mir extrem unzufrieden, weil ich dick geworden war – andere Mädels in meinem Alter trugen die tollsten Klamotten, während ich nur Omakleidung und Zelte kaufen konnte.

Irgendwann habe ich dann angefangen, meine Kleidung selbst zu entwerfen und zu schneidern – das fanden dann wiederum die anderen Mädels nicht gerecht und waren neidisch auf meine ausgefallenen Kleidungsstücke.

Und jetzt, viele Jahre später, empfinde ich es wieder ähnlich.

Meine Knie sind extrem kaputt. Ich kann nicht aufstehen, nicht gehen, nicht stehen und liege im Bett oder sitze ausschließlich. Meine Magenoperation ist nun zwölf Monate her.

Ich habe mittlerweile abgenommen und könnte ein wunderschönes Leben führen.

Ich könnte endlich wieder leben, unter Menschen gehen, mir die Natur ansehen und frei sein.

**Aber ich kann es nicht!**

Weil wir noch keinen Orthopäden gefunden haben, der sich diese schwere Knieoperation zutraut!

In Deutschland wäre es kein Problem, ein geeignetes Krankenhaus zu finden, hier in der Schweiz leider schon.

Wir haben bei der Krankenkasse angefragt, ob sie eine OP in Deutschland bezahlen würde, dies wurde abgelehnt mit der Begründung, dass es auch in der Schweiz genügend Kliniken gebe, die diese Operation durchführen könnten.

Nun geht die Suche also weiter – wir werden sicherlich früher oder später auch dafür eine Lösung finden.

Aber ich finde das zum momentanen Zeitpunkt äußerst ungerecht.

Interessanterweise kann ich jetzt mit der Tatsache, dass ich zum Beispiel keinen Spaziergang machen kann, viel schlechter umgehen als früher als »Schwerstgewicht«.

Damals hatte ich keine andere Option, ich musste mich damit abfinden, vieles nicht machen zu können.

Jetzt habe ich aber eine Option – und das macht das Ganze im Moment schwieriger.

Aber mittlerweile habe ich für mich verstanden, dass ich nur etwas gerecht oder ungerecht empfinde, wenn ich mich mit anderen vergleiche!

Wenn sich eine Querschnittsgelähmte mit mir vergleichen würde, würde sie es sicherlich auch als ungerecht empfinden, dass ich in absehbarer Zeit wieder laufen werde, sie aber ihr Leben lang im Rollstuhl bleiben wird.

Es bringt also nichts zu vergleichen! Wir sind Individuen und nicht vergleichbar. Jeder hat sein »Päckchen« zu tragen – es kommt immer auf die Perspektive und die Einstellung an, ob man etwas als gerecht oder ungerecht, als positiv oder negativ ansieht.

Für DICH

Vergleiche dich nicht mit anderen, DU bist einzigartig und nicht vergleichbar und deswegen ist deine Geschichte auch eine andere.

Nimm deine jetzige Situation an, so gut es dir möglich ist und mache das Beste daraus.

**Enge – Weite**

»Das Meer ist alles.
Es bedeckt sieben Zehntel der Erde.
Sein Atem ist rein und gesund.
Es ist eine immense Wüste, wo ein Mann nie alleine ist,
in dem er fühlen kann, wie das Leben aller in ihm bebt.
Das Meer ist nur ein Behälter für alle die ungeheuren, übernatürlichen Dinge, die darin existieren;
es ist nicht nur Bewegung und Liebe; es ist die lebende Unendlichkeit.«

*Jules Verne (Werk: 20.000 Meilen unter dem Meer)*

Ich bin in einem kleinen Dorf in Bayern aufgewachsen. Meine Familie lebt noch immer dort oder zumindest im näheren Umkreis.

Für mich konnte und kann ich mir das nicht vorstellen. Sicher ist es schön, das ganze Leben in der gewohnten Umgebung mit den immer selben Leuten zu verbringen.

Man kann so bleiben, wie man ist, und muss sich nicht verändern.

Für mich gilt das nicht.

Ich wollte meinen Horizont erweitern, neue Gegenden entdecken, Menschen kennenlernen, dazulernen.

Bereits mit 19 Jahren bin ich ausgezogen und habe mir eine eigene Wohnung gesucht – damals eine 40 Quadratmeter große Zweizimmerwohnung in der nächstgelegenen Kleinstadt. Schon bald musste ich erkennen, dass mir diese Wohnung zu eng wurde – sie war auf Dauer zu klein und meinen damaligen Freund und mich zog es einfach wieder aufs Land.

Wir kauften uns eine große Wohnung (80 qm) im Heimatort meines Freundes, ca. 20 Kilometer entfernt. Nach einigen Jahren war uns auch diese Wohnung zu eng, wir kauften uns ein wunderschönes Grundstück in einem winzigen Dörflein einige Kilometer weiter, heirateten und bauten dort ein Haus.

Nach der Trennung von meinem ersten Mann zog ich in die Nähe von Nürnberg (immerhin schon ca. 100 Kilometer vom Elternhaus entfernt), von dort ins Rheinland und von dort wiederum in die Schweiz.

Im Rückblick betrachtet zog ich meinen Radius also immer weiter – ich wollte und will die Welt sehen – will nicht stehen bleiben, sondern brauche die Veränderung, den Wechsel.

Dabei ist mir immer sehr wichtig, so zu wohnen, dass ich möglichst weit sehen kann – also Weitblick habe.

Auch liebe ich große Räume – in kleinen Räumen fühle ich mich eingesperrt – ich brauche große Fenster, am liebsten hätte ich ein Glashaus um mitten in der Natur zu sein.

Aber dieses Glashaus müsste entweder auf einem Berg stehen – ganz allein, keine Nachbarn – oder ganz allein auf einer Klippe am Meer.

Außerdem mag ich es überhaupt nicht, wenn Räume ganz geschlossen sind – bei mir ist fast immer (zumindest immer nachts!) das Fenster offen und auch die Zimmertüren könnten wir eigentlich entfernen, denn sie sind sowieso offen.

Nur wenn ich die Weite und Unendlichkeit der Welt spüre, fühle ich mich wohl.

Eva Maria Mora (Quantum Engel Heilung) sagte bei einem Seminar einmal zu mir ... ich bräuchte das, um die Bodenhaftung nicht zu verlieren, ansonsten würde ich abheben. :-)

Ich weiß nicht, ob sie Recht hatte – wir werden in meiner »leichteren« Zukunft erleben, ob ich die Bodenhaftung verliere.

Nur wer vollkommen frei ist von Begriffen, kann einen Körper unendlicher Ausdehnung besitzen.

*Huang Po, Zen-Meister*

**Abhängigkeit**

In Wirklichkeit also hängen alle Wesen und Erscheinungen,
jedes Atom, jedes Energiequantum,
voneinander ab und entstehen in gegenseitiger Abhängigkeit.
Nicht die Substanz ist der Ursprung der Welt,
sondern die Beziehung.

*Daisetz Teitaro Suzuki*

Es gibt viele Arten der Abhängigkeit.

Alles, was existiert, steht in Beziehung zueinander und ist voneinander abhängig.

Am sichtbarsten ist das im Normalfall sicherlich bei Babys. Sie hängen vollständig von der Mutter ab, müssen gefüttert und gewindelt werden, sind abhängig von der Fürsorge der Eltern.

Auch in der Natur ist alles voneinander abhängig. Ohne Sonne kein Regen, ohne Regen kein Wasser, ohne Wasser und Sonne keine Pflanzen und so weiter.

Alle Lebewesen sind von Nahrung und Wasser abhängig, ohne Essen und Getränke können wir nicht überleben.

Wir sind auch (leider) von Geld und anderen materiellen Dingen abhängig, denn ohne Geld ist es heutzutage kaum möglich oder sehr schwer in unserer Gesellschaft zurecht zu kommen

Am offensichtlichsten ist vielleicht die Drogenabhängigkeit, sei es von harten Drogen, Alkohol, Zigaretten und sonstigen Drogen.

Oft beginnt es aus Neugierde, bald schon ist man diesen Stoffen verfallen und meist ist es sehr schwer davon loszukommen – man ist psychisch und physisch abhängig.

Ich war immer sehr stolz auf meine sogenannte Unabhängigkeit.

Bereits mit 19 Jahren zog ich in dem Drang nach Unabhängigkeit bei meinen Eltern aus – wollte endlich tun und lassen können, was ich wollte.

Darauf legte ich immer großen Wert. Ich hab mich lange Zeit auch durch meine Unabhängigkeit definiert. Mein Selbstbewusstsein wurde dadurch gesteigert.

Andere Frauen mochten hübscher und schlanker sein und hatten Kinder – aber sie waren auch abhängig. Abhängig von ihren Männern, angebunden durch Kinder und oder Haustiere. So kam mir zum Beispiel noch nie in den Sinn, mir ein Haustier zuzulegen – dann würde ich mich ja abhängig machen.

Ich verstand auch nie die Frauen, die sich psychisch von ihren Männern abhängig machen ließen.

In jungen Jahren war ich sehr eng mit meiner damaligen Nachbarin befreundet. Als ich C. kennenlernte, war sie eine selbstbestimmte junge Mutter mit drei Kindern. Sie war zehn Jahre älter als ich, sehr hübsch und ich war stolz darauf, ihre Freundin sein zu dürfen.

C. war meine Heldin! Sie hatte einen sehr ungewöhnlichen Lebenslauf und auch das imponierte mir sehr.

Um ihre Schulden und ihre Kinder versorgen zu können, verkaufte sie ihren Körper. Sie arbeitete als Edelprostituierte nur auf eigene Rechnung, weil sie nicht abhängig sein wollte.

Für mich, als naives 21 jähriges Mädel vom Land, eine ganz andere Welt. Ich lehnte das für mich zwar total ab, außerdem wäre ich (so dachte ich damals) für so einen Job sowieso viel zu dick und hässlich gewesen, aber ich bewunderte C. sehr.

Meine Bewunderung ging so weit, dass ich regelmäßig ihre drei Kinder zu mir holte, damit sie in ihrer Wohnung ihre Freier empfangen konnte.

Als C. ihre Schulden abgebaut hatte, hörte sie auf als Prostituierte zu arbeiten und suchte sich einen »normalen« Job als freie Handelsvertreterin.

Eines Sommers machte sie dann den ersten richtigen Urlaub mit den Kindern. Endlich hatte sie wieder Geld, um sich und ihren Kindern einen Urlaub zu ermöglichen.

Sie fuhren nach Kalabrien. Freudestrahlend und gut erholt kamen sie zurück.

C. hatte im Urlaub einen Italiener kennengelernt, sie war überglücklich und sehr verliebt.

Es dauerte keine drei Wochen und wir holten ihn vom Bahnhof ab. Niemals werde ich das Bild vergessen, als er mit zwei Plastiktüten als Gepäck aus dem Zug stieg. Ein kleiner, schmächtiger Italiener – unscheinbar und in meinen Augen mit keinerlei Ausstrahlung.

Er zog bei C. ein und meine Freundin veränderte sich von einem Tag auf den anderen. Sie war abhängig von diesem Mann – irgendwas hatte er an sich, was sie vollständig in seinen Bann zog. Was die vielen Freier nicht geschafft hatten, schaffte dieser Mensch innerhalb kürzester Zeit.

Sobald C. nicht tat, was er von ihr verlangte, oder auch nur einem andern Mann zulächelte, schlug er sie grün und blau. Sie kam dann um Hilfe bittend zu meinem damaligen Mann und mir. Wir versteckten sie vor ihm, mit dem Resultat dass sie ihren Freund am nächsten Tag anrief und anflehte sie abzuholen.

Von der selbstbestimmten jungen Frau war bald nichts mehr übrig. Es ging sogar so weit, dass sie mir eines Tages (das muss 1988) gewesen sein, anvertraute, dass er sie mit dem HIV-Virus angesteckt hatte. Damals war das Virus noch ziemlich unbekannt und man wusste noch nicht wirklich wie man mit dieser Krankheit umgehen sollte. Es kam heraus, dass V. bereits bei ihrem Kennenlernen wusste, dass er HIV-positiv war, er es ihr aber verschwiegen hatte. Man braucht nicht meinen, dass das ein Trennungsgrund für C. gewesen ist. Im Gegenteil! Sie heirateten sogar noch!

Wir waren weiterhin befreundet, arbeiteten sogar für dieselbe Firma, aber gingen uns zeitweise ziemlich aus dem Weg. Einige Jahre später starb der Italiener an den Folgen des Virus.

C. und ich näherten uns einander wieder an, aber mit meinem Umzug ins Rheinland verloren wir uns aus den Augen.

Mir war natürlich klar, dass ich mich niemals von jemand anderem abhängig machen würde! Aber vieles im Leben kommt anders als man denkt.

Meine Selbstständigkeit habe ich nicht so abrupt verloren wie C. – sondern langsam und schleichend.

Nein, ich bin nicht wie sie psychisch abhängig, aber ich bin physisch abhängig und auf die Hilfe anderer angewiesen.

Es ging bereits los, als wir noch im Rheinland wohnten.

Ich konnte bereits damals kaum laufen.

Es war eine Qual, Treppen zu steigen, und einkaufen gehen konnte ich auch nicht mehr. Mein Mann musste das damals bereits zum großen Teil erledigen.

Aber ich hatte wenigstens noch ein eigenes Auto, auch wenn ich nicht oft fuhr, ich konnte wenigstens noch weg.

Als wir dann hierher in die Schweiz zogen, hatte ich plötzlich kein Auto mehr. An laufen war nicht zu denken, also war ich immer mehr auf meinen Mann angewiesen.

Irgendwann konnte ich gar nicht mehr gehen und war ein 100% Pflegefall. Im Moment bin ich also auf Gedeih und Verderb auf andere, in erster Linie auf meinen Mann, angewiesen.

So richtig bewusst wurde mir das auch einige Wochen nach meiner Spitalentlassung. Da es unmöglich war, mich ins Schlafzimmer zu schaffen, lag ich Tag und Nacht auf der Couch im Wohnzimmer.

Eines Tages im August 2012, mein Mann war im Büro und ich war alleine zuhause, bekam ich sehr starke Blutungen. Damals musste ich Blutverdünner nehmen und die Blutungen waren so stark, dass ich glaubte zu verbluten.

Ich lag also auf meiner Couch und bekam Todesangst. Ich konnte den Notarzt nicht anrufen, denn wie sollten sie hereinkommen? Wir wohnen im ersten Stock, die Türen waren abgesperrt. Eine Option wäre gewesen, über den Balkon hereinzukommen, aber wie sollten die mich transportieren? Ich wusste aus eigener Erfahrung, dass das nicht so einfach war und zumindest das Spital Schwyz nicht für einen »Schwertransport« eingerichtet ist.

Mit letzter Kraft rief ich sowohl meinen Mann an und bat ihn, sofort nach Hause zu kommen, als auch meinen Hausarzt.

Es stellte sich heraus, dass mein Blutverlust enorm war. Mein Arzt wollte mich ins Spital bringen, aber da der Transport fast unmöglich gewesen wäre, entschieden wir, dass ich zuhause bleiben sollte. Durch Medikamente und Dank meines Hausarztes bekamen wir das Problem auch wieder in den Griff, aber mir wurde das erste Mal sehr bewusst, was es bedeutet, abhängig zu sein.

Meine Abhängigkeit wurde mir auch in den letzten Tagen sehr bewusst. Ich saß auf der Terrasse, nicht im Rollstuhl, sondern hatte es mir auf der Couch gemütlich gemacht.

Natürlich sah ich, dass ein Gewitter heraufzog. Aber da unsere Terrasse überdacht ist, fand ich das nun nicht wirklich schlimm.

Umso überraschter war ich, als wie aus dem Nichts plötzlich ein gewaltiger Sturm aufkam, der mir den Regen ins Gesicht peitschte.

Die Polster der Gartenmöbel flogen mir entgegen, mein Stehlifter (mit Rollen) kam mir entgegengerollt und auch der rollbare Grill machte sich selbstständig.

Ich hatte alle Hände voll zu tun, denn die Geräte rollten auf mich zu, die Polster flogen durch die Gegend, ich war bis auf die Haut klatschnass und hatte keinerlei Möglichkeit von meiner Sitzposition wegzukommen.

Mein Mann war zwar zuhause, bekam aber erst nichts mit von dem Unwetter und hörte meine Rufe auch nicht.

Ich fühlte mich in diesen Moment absolut hilflos und den Naturgewalten ausgesetzt – mir wurde in diesem Moment mal wieder sehr bewusst, WIE abhängig ich bin und wie sehr ich momentan auf die Hilfe anderer Menschen angewiesen bin.

Es gibt sicherlich viele Beispiele von Abhängigkeit – auch viel bedeutend schlimmere Ereignisse – ich wollte mit dieser Anekdote aber verdeutlichen, dass wir alle in Situationen kommen können, in denen wir besonders abhängig sind.

Im Grunde ist alles, was existiert, voneinander abhängig und bedingt einander.

Wir könnten ganz alleine gar nicht überleben! Das wurde mir in den letzten Tagen viel bewusster.

Nun bin ich seit fast zwei Jahren nicht mehr in der Lage, selbstständig aufzustehen, geschweige denn zu gehen. Mein Mann muss mich pflegen, und wenn er nicht da ist, kann ich nicht mal in meinen Rollstuhl. Ich bin also sehr abhängig von ihm.

Aber ich habe selten das Gefühl abhängig zu sein – denn er gibt mir das Gefühl nicht! Ich glaube, dass wir beide sehr respektvoll miteinander umgehen und uns gegenseitig die Würde lassen.

Natürlich gibt es Situationen, in denen mir meine Abhängigkeit bewusst wird, aber mir ist auch bewusst, dass wir uns alle gegenseitig bedingen. Mein Mann und ich »müssen« diese Erfahrungen eben gerade jetzt machen – denn wir sind sowieso eins und miteinander verbunden.

Was mir passiert, passiert auch ihm und umgekehrt.

Für DICH:

Jeder Mensch lebt in einer gewissen Abhängigkeit. Es gibt niemanden auf der Welt, der völlig unabhängig ist.

Abhängigkeit beginnt im Kopf, solange du dich nicht abhängig fühlst und dir bewusst ist, dass wir immer im Leben die Wahl haben und wir selbst die Verursacher unserer Gegenwart und Zukunft sind, bist du unabhängig!

## Ehrlichkeit – Aufrichtigkeit

Jeder möchte, dass man ehrlich ist zu ihm,
doch oft ist diese Ehrlichkeit so schwer zu ertragen,
dass wir die Lügen lieben lernen.

In unserer Gesellschaft ist der Begriff Ehrlichkeit gut und positiv besetzt, während der Begriff Unwahrheit schlecht und negativ besetzt ist.

Was ist Ehrlichkeit? Ist Ehrlichkeit wirklich immer gut?

Kann man mit Ehrlichkeit auch Schaden anrichten, und wenn ja, wann schadet Ehrlichkeit?

Ist es manchmal vielleicht besser, gar nichts zu sagen, als ehrlich zu sein?

Hat nicht jeder seine eigene Wahrheit?

Eines Tages, als das Schneewittchen sieben Jahr alt war, fragte seine Stiefmutter wieder einmal ihren treuen Spiegel:

»Spieglein, Spieglein an der Wand, wer ist die Schönste im ganzen Land?«

Aber der Spiegel antwortete nicht wie sonst, sondern erwiderte:

»Frau Königin, Ihr seid die Schönste hier, Aber Schneewittchen ist noch tausendmal schöner als Ihr.«

*Grimms Märchen*

Wer kennt es nicht, dieses Märchen? Der Spiegel war zur Stiefmutter ehrlich und aufrichtig, aber was hat er mit dieser Aufrichtigkeit angerichtet? Er hat die Eitelkeit der Königin verletzt und letztendlich liegt Schönheit sowieso im Auge des Betrachters.

So etwas Ähnliches wie dieser Stiefmutter ist mir auch oft passiert.

Ich habe trotz oder gerade wegen meines Übergewichtes immer schon sehr auf mein Äußeres geachtet und mir sehr viel Mühe gegeben.

Gerade in jungen Jahren, als ich noch ein großes Problem mit meinem Selbstwert hatte, wäre ich zum Beispiel niemals ungeschminkt aus dem Haus gegangen.

Während ich von Fremden sehr oft Komplimente deswegen bekam, sagte mir mein Ex-Mann niemals, dass ich gut aussehe.

Ich denke, jeder Mensch hat irgendwas Schönes an sich – so finde ich selbst, dass ich zum Beispiel sehr schöne, ausdrucksstarke Augen habe. Irgendwann sagte ich meinem damaligen Mann, dass er mir ruhig auch mal Komplimente machen könne.

Daraufhin bekam ich als Antwort, dass er dann lügen würde – in seinen Augen sei ein Kompliment unehrlich.

Mein Ex-Mann war »nur« ehrlich und sagte offen, was er dachte – aber er hat mich damit sehr verletzt! War denn wirklich so gar nichts an mir liebenswert?

Im Rückblick betrachtet, wäre allein diese Bemerkung von ihm schon ein Trennungsgrund gewesen.

Mein Mann hätte damals auch sagen können, dass ich schöne Haare oder eben schöne Augen habe – damit hätte er nicht gelogen!

Natürlich war auch ich sehr oft im Leben mir selbst gegenüber nicht ehrlich.

So wollte ich nicht wahrhaben, dass mein erster Mann mich nicht wirklich geliebt hat und unsere Beziehung nur so lange gehalten hat, weil ich dankbar war, dass er »trotz« meiner Gewichtszunahme bei mir geblieben war.

In meinen Augen war es ein großes Glück, dass ich einen Mann wie ihn hatte.

Heute sage ich, er hatte MICH eigentlich nicht verdient!

Auch war ich mir selbst nicht ehrlich gegenüber was mein Essverhalten betraf.

Ich habe in der Zeit, als ich noch selbst einkaufen konnte, mich schmerzfrei bewegen konnte, sehr auf eine gesunde, ausgewogene Ernährung geachtet.

Ich habe ich sehr viel Salat und Obst gegessen und immer frisch gekocht. Fertiggerichte oder die berühmten Tüten kannte ich gar nicht!

Irgendwann konnte ich aber nur sehr mühsam laufen und dann begann die Zeit, in der ich mich nicht so gesund ernährt habe. Es gab auch bei uns zu viel fette und kohlenhydratreiche Sachen – Fast Food war zumindest unter der Woche ganz normal.

Ich war immer schon ein Gourmet – kein Gourmand!

Bevor ich etwas esse, das mir nicht schmeckt, esse ich lieber gar nichts.

Aber ich habe mich früher jahrzehntelang falsch verhalten – habe sehr unregelmäßig gegessen. Sehr oft den ganzen Tag gar nichts und hatte dann am Abend Heißhunger. Das führte natürlich auch dazu, dass die Portionen viel zu groß waren!

Dann kam noch hinzu, dass ich aus einer Familie komme, in der alle gerne und viel essen – ich komme aus einer Generation in der es noch hieß: »Was auf dem Teller ist, wird auch gegessen!»

Aber wir haben unsere Teller nicht selbst gefüllt, das war der Job meines Vaters und mein Vater kann SEHR viel essen und ist dabei rank und schlank!

In diesem Punkt habe ich mich jahrelang selbst belogen und wollte nicht wahrhaben, dass ich Fehler mache – erst als ich mir Gedanken darüber machte, ob ich mich operieren lasse, habe ich mir mein Fehlverhalten selbst eingestanden.

Ich glaube, dass Ehrlichkeit dann positiv ist, wenn es einen selbst betrifft und man sich ehrlich seine Fehler und Schwächen eingesteht.

So habe ich zum Beispiel gelernt, dass es für meine Mitmenschen einfacher war, mit mir umzugehen, wenn ich offensiv mit meinen offenkundig sichtbaren Gesundheitsproblemen umging.

Als wir hierher in die Schweiz zogen, haben wir die Nachbarn zum Kennenlern-Apero (das ist ein zwangloser Umtrunk) zu uns in die Wohnung eingeladen. Natürlich kamen, als sie mich sahen, erstmal »komische« Blicke. Das war ganz normal und es machte mir nichts mehr aus.

Aber ich habe direkt am Anfang der Veranstaltung von mir und meinem Handicap erzählt – habe erzählt dass ich Ödeme und kaputte Knie hätte und deswegen nicht zu ihnen kommen konnte, um mich vorzustellen und ich mir deswegen gedacht hätte, dass es einfacher sei, wenn sie zu uns kämen.

Somit waren die »Fronten« geklärt und wir konnten unbefangen in Kontakt kommen.

So hatte ich das früher auch bei Geschäftskontakten gemacht und mit dieser Art von Ehrlichkeit viele Schubladen, in die ich vorher schon gesteckt wurde, wieder ein Stück weit geöffnet.

Es hat meistens imponiert, dass ich offen und ehrlich mit diesem Thema Gewicht umgegangen bin, und die Menschen verloren schnell die Scheu vor diesem Thema und sie öffneten sich im Gegenzug mir gegenüber sehr schnell.

Jede Ehrlichkeit beginnt mit der Ehrlichkeit zu sich selbst ...

*© Dieter Gropp (*1937), Lyriker und Aphoristiker*

Für DICH:

Sei in erster Linie ehrlich zu dir selbst, halte dir selbst den Spiegel vor und sieh dich, wie du bist – dann musst du die Ehrlichkeit anderer nicht fürchten, denn nur du kennst DEINE eigene Wahrheit!

## Mode – Kleidung

Man nehme dem Bischof seinen Ornat,
dem Richter seine Perücke
oder dem Kirchspieldiener seinen dreieckigen Hut,
und was sind sie? Menschen – bloße Menschen!
Würde, und bisweilen sogar Heiligkeit hängen mehr von Röcken und Westen ab,
als viele Leute sich träumen lassen.

*Charles Dickens (1812 - 1870), Pseudonym Boz,*
*Quelle: »Oliver Twist«, 1838*

Als Kinder war es für uns früher ganz »normal«, dass die jüngeren Geschwister die Kleidungsstücke der Großen aufgetragen haben.

Auch war es selbstverständlich, dass wir uns nach der Schule umgezogen haben, und für Sonntags hatten wir die schönsten Kleider.

Ich vermute mal, dass das heutzutage für die meisten jungen Menschen unvorstellbar ist.

Nun hatte ich als Kind das Glück, die Ältere gewesen zu sein, und daher bekam ich öfter neue Klamotten als meine Schwester, die dann eben schon mal meine zu klein gewordenen Kleider geerbt hat.

Ich habe allerdings eine recht junge Mutter und sie hat schon Wert darauf gelegt, dass wir moderne Kleidung hatten – ob diese Klamotten immer unseren Geschmack getroffen haben, das ist eine andere Sache.

Damals, als Kind und Jugendliche, passte mir auch noch alles, ich hatte eine gängige Größe!

Schwieriger war es allerdings schon damals, passende Stiefel für mich zu finden – bereits als Jugendliche hatte ich recht dicke Waden und Stiefel waren meist zu eng.

Ende der Siebziger Jahre kamen jedoch die ersten Overknee Stiefel in Mode, meine Mutter hatte sich welche gekauft. Traumhaft schön in einem rötlichen Braunton und mit sehr hohen Absätzen.

Modebedingt waren sie sehr weit geschnitten, es sollte so aussehen, als ob sie etwas heruntergerutscht wären und HURRA – wir hatten alle dieselbe Schuhgröße, sie passten mir! Somit hat es nicht lange gedauert und schon waren die Stiefel in meinen Besitz übergegangen. Ich habe diese Stiefel geliebt! Eine Jeans und darüber diese Stiefel – ich war der Star in der Schule!

Überhaupt Schuhe! Wie viele andere Frauen auch liebte ich Schuhe, ich trug früher fast ausschließlich Schuhe mit hohen Absätzen, damals sagte man noch nicht High Heels.

Auch später noch, als ich dick wurde, Schuhe passten mir damals immer. Hier konnte ich mich austoben.

Andere Kleidungsstücke passten mir nicht mehr. Als ich in den Zwanzigern war, gab es noch kein Ulla Popken und andere Große-Größen-Mode. Wenn man etwas fand, dann sicher nichts Jugendliches.

Nun legte ich aber immer großen Wert auf meine Kleidung. Ich finde es sehr wichtig, dass man – gerade, wenn man nicht wie die Norm aussieht – extrem auf ein gepflegtes Äußeres schauen sollte.

Was also tun? Irgendwann gab es in den Geschäften einfach nichts mehr, was mir passte.

In meiner Verzweiflung habe ich mir eine Nähmaschine schenken lassen und angefangen, meine Sachen selbst zu entwerfen und zu schneidern.

So war ich bald schon, trotz meiner vielen Kilos, gut angezogen und auch »außendiensttauglich«.

Später kam zwar Ulla Popken als einer der ersten Anbieter von großen Größen auf den Markt, aber die großen Größen gingen damals auch nur bis Größe 54 / 56 – das passte mir schon lange nicht mehr.

So war ich einfach gezwungen, kreativ zu werden und selbst zu nähen. Es machte mir auch großen Spaß – hauptsächlich in den 1980er Jahren war die Mode sehr bunt und man konnte sich wirklich austoben, wenn man etwas kreativ war.

Ich habe mir sogar mein erstes Hochzeitskleid damals selbst genäht und war immens stolz darauf – vor allem, weil ich wegen meiner Klamotten immer sehr schöne Komplimente bekam.

Es ist für alle Personen, die keine Normgröße haben, sehr schwer, wirklich tragbare Mode zu bekommen. Selbst Anbieter wie Ulla Popken bieten meiner Meinung nach nicht viele wirklich tragbare Teile an.

Als ich ins Rheinland zog, habe ich das Nähen aufgeben.

Ich habe bald nach meinem Umzug dorthin Gudrun Koenen kennengelernt. In meinen Augen ein wahrer Engel. Gudrun, selbst eine sehr hübsche, kleine, zierliche Person, hat es sich zur Lebensaufgabe gemacht, extrem dicke Menschen einzukleiden.

Sie fängt mit ihrer Mode dort an, wo alle anderen aufhören und nach oben gibt es bei ihr keine Grenzen.

Ich kann gar nicht beschreiben, was es für ein Gefühl war, als ich das erste Mal bei ihr einkaufen war – ein ganzes Geschäft mit auch für mich tragbarer Kleidung.

Man fühlte sich wie im Paradies. Wenn etwas nicht richtig sitzt, für Gudrun Koenen auch kein Problem, dann wird es eben passend gemacht.

In all den Jahren habe ich alle meine Kleidung bei ihr gekauft – und das obwohl ich seit vielen Jahren nicht mehr bei ihr im Laden war.

Sie hatte meine Größe und wenn ich etwas benötigte, sagte ich nur, was ich mir in etwa vorstelle – beispielsweise meinen lilafarbenen Hosenanzug – sie schneiderte es und schickte mir das Teil zu.

So kommt es, dass ich als extrem dicke Frau ein ganzes Ankleidezimmer voller wunderschöner Kleidungsstücke habe.

<u>Aus dem Bewusstsein, gut angezogen zu sein, empfängt eine Frau mehr innere Ruhe als aus religiösen Überzeugungen.</u>

*Ralph Waldo Emerson*

Seit wir in der Schweiz wohnen, ist es allerdings sehr schwierig geworden, da immer immens hohe Zollgebühren dazukommen. In der Schweiz habe ich bisher leider nichts Vergleichbares gefunden.

Brauche ich auch gar nicht mehr – denn künftig passe ich in »normale« Größen und spätestens nach den Wiederherstellungsoperationen (die ganze überhängende Haut muss entfernt werden) sollte ich zumindest bei Ulla einkaufen können.

Ich will hier keine Werbung machen, ich möchte nur aufzeigen, wie wichtig es für das Selbstbewusstsein eines Menschen ist, gut angezogen zu sein. Gerade auch als Geschäftsfrau ist man sehr der Kritik ausgesetzt – ich polarisiere ja sowieso schon durch meine Figur – aber es wäre alles noch viel schlimmer, wenn ich keine schönen Klamotten gehabt hätte.

Leider stelle ich fest, dass sich die meisten Menschen mit Figurproblemen sehr unvorteilhaft anziehen. Wenn ich jedoch sowieso schon Probleme mit dem Selbstwertgefühl und der Selbstakzeptanz habe, dann mache ich es doch nicht noch schlimmer, indem ich nicht oder schlecht sitzende Kleidung trage.

Ich glaube schon, dass Kleidung sehr viel über einen Menschen aussagt. Man kann daran gut erkennen, wie viel WERT sich ein Mensch selbst gibt.

Das heißt nicht, dass man Designerklamotten benötigt – das heißt aber, dass man Wert auf ein gepflegtes Äußeres legen sollte.

Ziehe einer Vogelscheuche deinen neuesten Anzug an und stelle dich unbekleidet daneben – wer würde nicht zuerst die Vogelscheuche grüßen?

*Henry David Thoreau (1817 - 1862), US-amerikanischer Philosoph, Naturalist, Schriftsteller und Mystiker*

Für DICH:

Gerade an Tagen, an denen es dir nicht so gut geht, du an dir zweifelst und mit dir selbst nicht im Reinen bist, achte auf deine Kleidung. Mach dich schick, zieh dir etwas Besonderes an – nicht für andere – für DICH, damit DU DIR selbst besser gefällst. Du wirst sehen, deine Laune wird sich schlagartig bessern.

**Ausgrenzung**

Als man die Ausländer verfolgte, habe ich geschwiegen, denn ich war ja keiner.
Als man die Lesben und Schwulen verfolgte, habe ich geschwiegen, denn ich fühlte nicht so.
Als man die geistig Behinderten verfolgte, habe ich geschwiegen, denn ich zählte mich nicht dazu.
Als man die Körperbehinderten verfolgte, schwiegen meine Nachbarn, denn ich gehörte nicht zu ihnen.
Als man die psychisch Gestörten verfolgte, war es meinen Nachbarn recht, denn sie glaubten keine zu sein.
Als man meine Nachbarn verfolgte, war anscheinend niemand mehr da, der helfen konnte!
Als man die Ausländer verfolgte, habe ich geschwiegen, denn ich war ja keiner.
Als man die Homosexuellen verfolgte, habe ich geschwiegen, denn ich meinte keiner zu sein.
Als man die geistig Behinderten verfolgte, habe ich geschwiegen, denn ich war es ja nicht.
Als man die Körperbehinderten verfolgte, schwiegen meine Nachbarn, denn sie waren ja keine.
Als man meine Nachbarn verfolgte, war schier keiner mehr da, der helfen konnte.
Als man die Ausländer ausgrenzte, habe ich geschwiegen, denn ich bin ein Deutscher.
Als man die Asylanten bedrohte, habe ich geschwiegen, denn ich rief sie nicht her.
Als man die Lesben und Schwulen verfolgte, habe ich geschwiegen, denn ich fühlte nicht so.
Als man die geistig Behinderten einsperrte, habe ich geschwiegen, denn ich fühlte mich auch belästigt.

Als man die körperlich Gebrechlichen behinderte, habe ich geschwiegen, denn ich war nicht betroffen.
Als man die psychisch Gestörten verfolgte, war es meinen Nachbarn recht, denn sie glaubten, nicht dazu zu gehören.
Als man meine Nachbarn verfolgte, war schier keiner mehr da, der helfen konnte.

*W. Funke nach Martin Niemöller*

Ich sage immer: Ich bin nicht krank, ich habe nur ein Handicap.

Das Handicap ist für alle die mich sehen offensichtlich: Das ist mein Gewicht.

Ungefähr mit meinem 20. Lebensjahr fing das Dilemma an – ich nahm immer mehr zu – damals vor allem ab der Hüfte abwärts.

Das soll heißen, mein Oberkörper war relativ normal, während ich Hosen mindestens zwei Nummern größer benötigte.

Natürlich ging ich zu diversen Ärzten – ausschließlich ALLE rieten mir abzunehmen, eine Diät zu machen. Also machte ich das ganz brav – angefangen bei Vollwertkost, Atkins-Diät, Weight Watchers, Trennkost usw. habe ich so ziemlich alles durch, was man sich nur vorstellen kann. Mit dem Ergebnis dass ich, wenn ich überhaupt abgenommen habe (was nur grammweise der Fall war!) an der Brust abnahm, die so genannten Problemzonen blieben unverändert.

Irgendwann wurde ich Opfer des Jo-Jo-Effektes und es kam wirklich Adipositas dazu.

Mit steigendem Gewicht wurde es immer anstrengender, sich zu bewegen – ich bekam immer mehr Schmerzen in den Beinen, aber auch die Knie und der Rücken machten nicht mehr so mit, wie ich das gerne wollte.

2005 kam ich durch Zufall (es gibt keinen Zufall) über eine Fernsehsendung (genaueres darüber im Kapitel »Zuversicht«) darauf, was ich wirklich hatte. Lip-Lymphödeme am ganzen Körper im Stadium 3.

Das haben mir mehrere Fachärzte bestätigt.

Da dies so spät erkannt wurde, kann man außer durch regelmäßige Lymphdrainagen und Bandagen versuchen, den derzeitigen Zustand zu erhalten, heilen kann man diese Krankheit nach dem derzeitigen Stand der Dinge nicht.

Mit der Zeit kamen natürlich diverse andere Probleme dazu, zum Beispiel permanente Rückenschmerzen und wahnsinnige Schmerzen in den Knien. Wenn ich zum Arzt ging, hieß es lapidar: »Das sind Abnutzungserscheinungen – bei Ihrem Gewicht kein Wunder. da können wir auch nichts mehr machen – sie müssen damit leben.«

Als wir nun Anfang 2009 in die Schweiz zogen, hatte ich eigentlich innerlich resigniert – ja, ich hatte mich aufgegeben, mich damit arrangiert und mich sogar schon damals damit befasst, bald gar nicht mehr laufen zu können und im Rollstuhl zu sitzen.

Leider sind Lip-Lymphödeme auch unter Ärzten wenig bekannt und immer wieder passierte es mir, dass ich die Ärzte aufklären musste.

Dabei sind etwa 11 Prozent ALLER erwachsenen Frauen in Deutschland davon betroffen (Földi et al., 2005).

Für mich ist es unverständlich, dass so wenig Aufklärung betrieben wird!

Das ist mit ein Grund, warum ich mich entschlossen habe meine Geschichte aufzuschreiben.

Ich möchte Betroffenen Mut machen und sie aufklären.

Im Anhang dazu einige Empfehlungen zu Fachliteratur und Webseiten, welche sich mit diesem Thema beschäftigen.

Es ist schon schlimm genug, eine solche Diagnose zu bekommen – aber es ist noch viel schlimmer, dass man nicht nur gegen die Krankheit kämpfen muss, sondern auch gegen die Umwelt.

Ich sage immer – ich BIN nicht behindert – aber ich WERDE behindert!

Man trifft auf sehr wenig Verständnis. Die Menschen sind voller Vorurteilen gegenüber Dicken – wobei es im Grunde genommen EGAL ist, wodurch das Übergewicht entstand, denn auch Adipositas ist eine Krankheit.

Die Menschen zeigen mit dem Finger auf einen, lachen über dich und grenzen dich aus.

SO gibt es viele, die nicht gern mit Menschen befreundet sind, die extrem dick sind. Verständlich, wenn man sich mit Menschen wie mir sehen lässt, muss man ebenfalls Häme und Spott erleben.

Mein erster Mann schämte sich, mit mir gesehen zu werden. Ich weiß, auf seine Weise hat er mich aufrichtig geliebt, trotzdem hat er sich davor gescheut, sich mit mir in der Öffentlichkeit zu zeigen.

Das wollte ich jahrelang nicht sehen und habe es verdrängt. Erst nach der Trennung, als ich die letzten Jahre rekapitulieren ließ, sind mir so einige Sachen wieder eingefallen.

Zu seiner Entschuldigung muss ich sagen, dass wir uns kennen lernten als ich 17 Jahre alt war und keine Figurprobleme hatte.

Er hatte sich zumindest, wenn man nach Äußerlichkeiten geht, in eine andere Frau verliebt als in die, die er letztendlich hatte.

Wir hatten damals einen relativ großen Freundeskreis, aber das waren alles Kontakte die ICH geschlossen hatte. Diese Leute haben erst mich und dann ihn kennengelernt.

Ich kann mich an eine Episode erinnern die beispielhaft ist. Wir waren gerade verheiratet und haben eine Reise in die Türkei gemacht.

Wir hatten extra ein kleines Hotel mit nur 20 oder 30 Zimmern gebucht mit dem Hintergedanken, dass ich dann auch im Pool schwimmen könnte.

Dies habe ich dann auch gemacht – aber immer, wenn mein Mann sah, dass ich aus dem Wasser rauskam, ist er aufgesprungen um mir sofort, noch halb im Wasser, ein großes Tuch umzulegen, damit man meine Beine und meinen Po nicht sehen konnte.

Da ich mich damals selbst ablehnte, dachte ich, dass er das mir zuliebe gemacht hätte – erst Jahre später wurde mir klar, dass er sich geschämt hat!

Er sagte einmal zu meiner Schwester, dass ich eine perfekte Hausfrau sei, aber mitnehmen könne man mich nicht, da ich wie ein Monster aussehen würde.

Gott sei Dank sagte meine Schwester mir das erst viele Jahre später.

Man muss als Mensch- außerhalb der Norm sehr viele Demütigungen einstecken.

Als mein jetziger Mann und ich meinen Schwiegereltern mitteilten, dass wir heiraten, ist meine Schwiegermutter in Tränen ausgebrochen und hat den Raum verlassen.

Mein Schwiegervater sagte, sie hätten gehofft dass ich irgendwann Heimweh bekommen und wieder nach Bayern ziehen würde. Vom Charakter her wäre ich ja die perfekte Schwiegertochter – wenn ich anders aussehen würde!

Es gab Zeiten in meinem Leben, da habe ich »wirklich« kranke Menschen beneidet, denen sah man ihr Handicap meistens nicht an (in meinen Augen war ich nicht krank – ich war »nur« dick!)

Gott sei Dank habe ich gelernt, mich trotz meines Handicaps anzunehmen, zu akzeptieren, ja sogar mich zu lieben – ich habe mich, soweit es die Infrastruktur (zu enge Stühle, Treppen usw.) zuließ, nicht ausgrenzen lassen.

Aber ich möchte nicht wissen, wie hoch die Dunkelziffer an Menschen über 200 kg ist, die sich jahrelang nicht mehr raustrauen und in ihren Wohnungen vereinsamen.

Erst heute habe ich einen Bericht gelesen über einen 29jährigen Mann, der den Notarzt rufen musste. Er wog 400 kg, die Feuerwehr bekam ihn nicht auf normalem Weg aus der Wohnung – sie mussten eine Wand einreißen, um ihn heraus zu bekommen.

Seit Jahren lebte dieser Mann zurückgezogen in seiner Wohnung, konnte sich kaum noch bewegen. Eine Nachbarin: »Wir haben ihn seit zwei Jahren nicht mehr vor der Haustür gesehen.«

Das kann es doch nicht sein! Warum müssen sich Menschen wie ich verstecken? Warum werden sie ausgegrenzt?

Sie haben doch sowieso schon genug Probleme!

Für Dich, als Betroffene:

Gib dich nicht auf, geh raus, zeige DICH, so, wie DU bist – die anderen sollen sehen! Sollen an deinem Beispiel sehen, dass man ein toller Mensch sein kann, auch wenn man anders aussieht als die Norm.

Denn auch und gerade DU bist etwas ganz Besonderes – DU hast es verdient und kannst es VERLANGEN, dass die Leute dich so akzeptieren, wie DU bist!

Aber das werden sie erst tun, wenn DU DICH selbst liebst, wie DU bist – wenn du Dich – JA und auch Deinen Körper annimmst.

Sei deinem Körper dankbar – dankbar, dass er aus Liebe zu DIR bis jetzt alles mitgemacht hast, was du ihm (aus welchen Gründen auch immer) angetan hast!

Sieh auch du selbst bewusst hin! Du bist viel mehr als dein Körper, aber auch dein Körper ist ein Wunderwerk der Schöpfung. Allein die Tatsache, dass dein Herz noch schlägt, die Lungen atmen, deine Beine dich tragen usw., ist ein Wunder – sei dankbar dafür!

Du wirst dies dann auch ausstrahlen und du wirst sehen, dein Leben wird leichter!

**Versicherung**

Versicherungen sind Illusionen auf Raten.

*Levi Jizchak ben Meir von Berditschew (1740 - 1810), chassidischer Rabbiner und Zaddik*

Synonyme für das Wort »Versicherung« sind laut Duden: Beteuerung, Ehrenwort, Garantie, Schwur, Versprechen, Wort, Zusage, Zusicherung; (gehoben) Gelöbnis

Zu diesem Begriff bekam ich eine regelrechte Schreibblockade.

Sollte ich mich jetzt wirklich über meine Erfahrungen mit Versicherungen auslassen? Sollte ich nun wirklich erzählen, dass sich die Krankenkasse im letzten Jahr geweigert hatte, mir einen Reha-Aufenthalt in Deutschland zu bezahlen. Die Rehakliniken in der Schweiz hatten mich aber rundweg abgelehnt.

Sogar als ich der Rehaklinik Zurzach anbot, die Mehrkosten für Rollstuhl und Lifter selbst zu tragen, kam eine Absage, dass sie nicht die nötigen Kapazitäten hatten, einen so »pflegeintensiven« Patienten wie mich aufzunehmen.

Ich muss dazu sagen, dass ich nicht aufstehen kann, ich also im Moment jemanden benötige, der meine Windeln wechselt, mir morgens und abends meine Waschutensilien ans Bett bringt und mir meine Kleidung und etwas zu essen bringt.

Und ich benötige jemanden, der den »Lifter« bedient, mit dessen Hilfe ich mich auf den Rollstuhl setzen kann.

Der Pflegeaufwand hält sich also (in meinen Augen) in Grenzen.

Immerhin schafft das mein Mann seit mehr als einem Jahr auch alleine und geht »nebenbei« noch arbeiten. In einer Rehaklinik sollte das also auch möglich sein, es ist nämlich deren Aufgabe.

Ich möchte nicht jammern, sondern nur Tatsachen erzählen.

In meinen Augen war das im letzten Jahr ein Skandal, der aber nichts mit der Versicherung zu tun hat (diese hätte mir die Reha in einer Schweizer Klinik bezahlt).

Mir wurde damals von diversen Personen empfohlen, die Medien einzuschalten – aber dazu fühlte ich mich psychisch zu diesem Zeitpunkt nicht in der Lage.

Als ich aus dem Spital nach Hause kam, zwar am Magen operiert, aber noch immer an mein Bett gefesselt, benötigte ich diverse Hilfsmittel.

Ich habe mir auf eigene Kosten eine Lifter, einen Pflegestuhl und einen Rollstuhl ins Haus geholt.

Außerdem habe ich eine Personaltrainerin engagiert, damit diese mir hilft, fit zu werden bzw. zu bleiben. Sie hilft mir dabei, trotz der Immobilität und Gewichtsabnahme Muskeln aufzubauen.

Was übrigens bisher gut gelungen ist – ich bin körperlich so fit wie noch nie in den letzten 25 Jahren. Ich dachte mir, da die Krankenkasse nun die Kosten für eine teure Reha gespart hatte, würde ich wenigstens einen Zuschuss dafür bekommen.

Leider wurde dies von der Krankenkasse ebenfalls abgelehnt.

Das sei Sache der Rentenkasse.

Nun habe ich mich aber nicht operieren lassen, um Frührentnerin, sondern um gesund zu werden.

Ein Rentenantrag braucht Zeit – bis dieser durch ist, hoffe ich wieder so fit zu sein, dass ich arbeiten und mir selbst mein Geld verdienen kann. Nun habe ich mittlerweile genug abgenommen, dass meine Knie operiert werden könnten.

Ich benötige an beiden Knien Vollprothesen, um überhaupt wieder gehen zu können. Mein Arzt hat die Befürchtung ausgesprochen, dass es in der Schweiz keine geeignete Klinik mit der für mich benötigten Infrastruktur gibt. Ich selbst habe einige Kliniken angeschrieben, aber bisher nur Absagen bekommen.

Sie sind in den Spitälern hier nicht darauf eingerichtet »schwere« Patienten (zurzeit wiege ich noch ca. 150 kg) zu versorgen.

In Deutschland ist das mittlerweile etwas anders. Da es immer mehr dicke Menschen gibt, mussten sich auch die Krankenhäuser dementsprechend einrichten.

Dort wäre es kein Problem, mich zu operieren.

Gerade vor einigen Tagen habe ich nun wiederum eine Absage meiner Krankenkasse bekommen.

Sie wollen mir eine Knie-OP in Deutschland nicht bezahlen, ich soll mich in der Schweiz operieren lassen. Es sei meine Aufgabe und die meines Arztes, eine geeignete Klinik in der Schweiz zu finden. Empfehlungen dürften sie keine aussprechen.

Also stecke ich hier in einer Sackgasse.

Das soll nun generell keine Anklage gegen das Krankenkassensystem in der Schweiz sein soll – ich finde es in vielen Dingen sehr viel besser als in Deutschland. ABER... ich zitiere jetzt den meistbenutzten Satz von Ärzten und Pflegern, den ich hier in der Schweiz gehört habe: »Es gibt in der Schweiz einfach nicht viele so dicke Menschen wie Sie!«

Wir werden sehen, was passiert – diesmal bin ich bereit, den Kampf gegen die Krankenkasse und die Spitäler aufzunehmen.

Ich habe nicht vor, den Rest meines Lebens im Rollstuhl zu verbringen, nur weil die Krankenkasse sich weigert, eine OP in Deutschland zu bezahlen!

Während ich dies nun alles erzählt habe, wurde mir bewusst, dass es eigentlich gar nicht oder nur bedingt darum geht, meine Erfahrungen mit der Krankenkasse zu erzählen.

Es geht im Grunde darum, dass man sich nicht versichern kann!

Man kann sich nicht versichern gegen seinen Lebensweg, den Plan, den das Schicksal schreibt.

In unserer modernen Gesellschaft ist es mittlerweile Usus, die Verantwortung abzuschieben – an den Staat, an Versicherungen, Sozialeinrichtungen usw.

Aber die Verantwortung für sein Leben muss man selbst übernehmen.

Es gibt keine Versicherung. Gegen nichts. Nicht mal gegen Versicherungen aller Art.

*© Erhard Blanck (*1942), deutscher Heilpraktiker, Schriftsteller und Maler*

Für DICH:

Nimm Dein Leben selbst in die Hand und verlasse dich nicht darauf, dass dir das von irgendwelchen Personen oder Institutionen abgenommen wird.

Die einzige Versicherung, die es gibt, ist die, dass du deinem Lebensplan folgen wirst.

Das ist die Versicherung, das Versprechen, das wir bei unserer Geburt uns selbst und dem Universum geben.

**Vergebung**

An der Tür, mit der du die Vergangenheit zuschließt, steht nur ein Wort: Vergebung.
Denken wir daran, was Menschen alles mit Menschen machen, was Menschen alles mitmachen, dann kann Frieden nur durch Vergebung werden.
Jedes Wort und jede Geste, die Vergebung schenkt, trägt bei zum Frieden.

*(Phil Bosmans (1922 - 2012), belgischer Ordenspriester, Telefonseelsorger und Schriftsteller, ›der moderne Franziskus‹)*

Wer kennt ihn nicht, diesen Satz: »Das werde ich dir nie verzeihen!« Dies zu hören, ist erstmal schlimm, für denjenigen, der ihn hört, aber er ist noch schlimmer für denjenigen, der ihn sagt und fühlt. Er schadet damit nicht so sehr dem anderen wie sich selbst.

Ein durchaus menschliches Bedürfnis, mit dem wir aber letztendlich uns selbst belasten. Wir gehen in den Schmerz und in den Gedanken verletzt worden zu sein.

Wenn wir jedoch vergeben können (auch und im Besonderen uns selbst) können wir unsere Wunden heilen

»Die empfangene Ungerechtigkeit zu verzeihen,
bedeutet sich selbst die Wunde seines Herzen heilen.«

*Vinzenz von Paul*

Wenn ich verzeihe, übernehme ich Eigenverantwortung und gestalte mein Leben aktiv. Man kann sich erst für Neues öffnen, wenn man das Alte loslässt!

Wie bereits in anderen Kapiteln erzählt, hat sich mein leiblicher Vater, als ich 6 Jahre alt war, das Leben genommen.

Die nicht aufgearbeitete Trauer wurde bei mir zu Groll und Hass. Mein Vater hatte uns im Stich gelassen – sich aus dem Staub gemacht.

Ich war sehr böse auf ihn und ich konnte ihm das viele Jahre nicht verzeihen.

Dabei habe ich aber in erster Linie mir selbst wehgetan.

Indem ich ihm nicht verziehen habe, konnte ich nicht mit Liebe an ihn denken. Ich hatte nur negative Erinnerungen und die vielen liebevollen Momente mit ihm haben mir nichts mehr gegolten.

Aber auch auf mich war ich sehr böse, denn unbewusst gab ich mir sehr lange die Schuld oder zumindest Mitschuld an seinem Tod.

Wären wir Kinder nicht gewesen, wäre er nicht so überfordert gewesen und hätte sich vielleicht nicht umgebracht.

So dachte ich, bis ich das Thema in einer Hypnosesitzung aufgearbeitet habe und in der Hypnose sowohl ihm wie auch mir verziehen habe.

Gewonnen hat immer der, der lieben, dulden und verzeihen kann.

*Hermann Hesse*

Aber natürlich wurde ich in vielerlei Hinsicht mit dem Thema Vergebung und Verzeihung konfrontiert

So auch als junge Frau in den Zwanzigern. Ich hatte so viel zugenommen und mochte meinen Körper nicht mehr! Er war dick und hässlich, ICH war dick und hässlich! Wenn ich unter andere Menschen ging, musste ich mir mein Leben lang immer sehr abwertende Sätze, Gesten und Blicke gefallen lassen.

Sätze wie »deutsche Panzer rollen wieder«, »schau mal, diese dicke Sau« waren an der Tagesordnung.

Anfangs taten diese Sätze und Blicke sehr weh – reichte es nicht, dass ich selbst so über mich dachte?! Mussten dass die anderen auch über mich sagen?

Irgendwann habe ich erkannt, dass ich anfangen muss, mich selbst zu akzeptieren, mich selbst zu lieben und mir selbst zu vergeben.

Das ging natürlich nicht von heute auf morgen, es dauerte seine Zeit – aber als ich anfing, mich zu akzeptieren und mir vergab, haben mir die Sprüche und Blicke nicht mehr so viel ausgemacht. Ich hatte vergeben und meinen Frieden mit mir selbst gemacht.

Und ich wusste, dass es die anderen nicht wirklich böse meinten. Sie machten sich einfach keine oder wenig Gedanken und waren eigentlich nur ehrlich und haben das gesagt, was andere vielleicht gedacht haben – ich konnte auch ihnen vergeben.

Ich habe es irgendwann einfach nicht mehr persönlich genommen, wenn solche abwertenden Kommentare kamen.

Das Vergeben fällt mir deutlich schwerer, wenn es sich um Freunde und Familie handelt, die mir (in meinen Augen) Unrecht tun. Dann sind natürlich mehr Gefühle im Spiel, aber im Grunde bin ich kein nachtragender Mensch – das konnte ich mir nie leisten – denn dann hätte ich nicht mehr unter andere Menschen gehen dürfen.

Leider musste ich aber auch die Erfahrung machen, dass den Menschen in meinem näheren Umfeld das Verzeihen nicht so leicht fällt. Da werden einem oft Sachen vorgehalten, die einfach nur falsch verstanden wurden, Jahre zurückliegen und die man natürlich niemals so gemeint hat.

So weiß ich, dass ich meinen Ex-Mann sehr verletzt habe, indem ich ihn verlassen habe. Er und seine Familie haben mir bis heute nicht verziehen. Das tut mir leid – ich wollte ihn nicht verletzen – ich wollte mich nicht verletzen (falls er dies irgendwann lesen sollte, vielleicht nimmt er meine Entschuldigung an.)

Ich habe ihm längst alles verziehen und denke dadurch heute auch gerne an die schönen Zeiten (immerhin 14 Jahre) mit ihm zurück.

Vielleicht hat der ein oder andere schon einmal vom hawaiianischen Vergebungsritual gehört (Buchempfehlung: Ulrich Emil Duprèe – Ho'oponopono)?

Dabei geht es darum, anderen und sich selbst zu vergeben.

Es gibt vier in meinen Augen »magische« Sätze, die man nicht nur laut aussprechen, sondern und vor allen Dingen auch Fühlen muss:

1. Es tut mir wirklich und aufrichtig leid, dass ich dich verletzt habe!
2. Bitte verzeihe mir!

3. Ich liebe DICH!
4. Danke

Dieses Buch habe ich von einer lieben Freundin zum Geburtstag bekommen.

Als ich dieses Buch bekam, war ich sehr böse, wütend und traurig auf einige Personen in meinem näheren Umfeld.

Sie hatten mir (aus meiner Sicht!) einige Dinge unterstellt, die ich niemals gesagt und erst recht nicht gemeint hatte.

Sie hatten mich als Person in Frage gestellt und mir (sogar schriftlich) die Freundschaft gekündigt. Ich weiß bis heute nicht, was ich diesen Personen getan hatte, und war einfach nur traurig darüber. Noch nie in meinem Leben fühlte ich mich so gekränkt und verletzt.

Noch während ich dieses Buch las, machte ich dieses Vergebungsritual. Ich ging wirklich auch in dieses Gefühl, dass es mir leid tat für alles was ich diesen Personen, wenn auch unwissentlich, angetan hatte, rein. Es flossen Tränen und ich fühlte intensiv einen tiefen Schmerz darüber, ich bat um Verzeihung, ging dann in das Gefühl der tiefen Liebe für diese Personen und anschließend in die Dankbarkeit.

Seit diesem Zeitpunkt kann ich damit leben, dass die Freundschaft aufgekündigt wurde.

Es ist alles gut, so, wie es ist – ICH habe meinen inneren Frieden wiedergefunden – ich würde mich freuen, wenn uns das Schicksal eines Tages wieder zusammen führt. Wenn nicht, ist es aber auch OK für mich.

Das Verzeihen können ist ein Liebesbeweis. Wenn mir eine Person wirklich wichtig ist und ich sie aufrichtig liebe, kann ich ihr auch verzeihen.

Verzeihung, Versöhnung, Vergebung beginnt immer einseitig und ist ein Mittel zum Zweck – es dient dem Zweck, inneren Frieden zu finden.

Verzeihen ist kein Zeichen von Schwäche – im Gegenteil, man ist bereit, mit Unrecht abzuschließen, und das erfordert Mut, Stärke und Kraft.

Aber es kostet noch mehr Kraft und Energie, in der Opferposition zu bleiben und mit dem anderen zu hadern, auf ihn zu schimpfen, ihn zu verachten und auf Genugtuung zu hoffen.

Ich persönlich möchte diese Energie lieber für Sachen, die mich weiterbringen, einsetzen.

Man muss verzeihen können.
Das Leben des Menschen ist zu kurz,
als dass er es mit Nachtragen und Rachsucht hinbringen könnte.

*Friedrich II., der Große (1712 - 1786), preußischer König, genannt »Der alte Fritz«*

Für DICH:

Hege keinen Groll gegen Menschen, die dich bewusst oder unbewusst verletzt haben – sondern sieh, dass sie im Grunde sich selbst am meisten damit verletzen.

Wut, Hass, Eifersucht, das sind alles Gefühle mit denen du dich nur selbst klein machst und herunterziehst.

Verzeihen heißt übrigens nicht, dass du automatisch gut findest, was der andere getan hat.

Du entscheidest dich nur dazu, nicht zuzulassen dass der Groll über das Verhalten anderer Personen dein Leben dauerhaft negativ beeinflusst.

## Begegnungen

Es sind die Begegnungen mit Menschen,
die das Leben lebenswert machen.

*Guy de Maupassant*
*(1850 - 1893), französischer Erzähler und Novellist*

Das Universum hat mich heute Morgen beauftragt, ein Kapitel über Begegnungen zu schreiben und endlich mit meinem Buch anzufangen.

Ja, auch wenn dieses Kapitel, was du gerade liest, mitten im Buch ist.

Dieses Kapitel ist das erste Kapitel, das ich geschrieben habe.

Ich weiß schon lange, dass ich ein Buch schreiben soll, aber irgendwie habe ich mich bisher immer davor gedrückt.

Nun ist es also Zeit, damit zu beginnen und das Universum sagte mir, ich solle mir einfach jeden Tag einen Titel von meinem Mann sagen lassen, zu dem ich dann schreiben werde.

Und so sagte mir mein Mann eben heute, ich solle etwas über das Thema Begegnungen schreiben.

Ja und dann kamen sie – die »Begegnungen« des Tages!

*Die erste Begegnung an diesem Tag*

Gleich darauf war ich in Facebook – keine Ahnung, wie ich darauf kam –, aber ich habe nach meinem Cousin, mit dem ich seit Jahren keinen Kontakt mehr habe, gesucht.

Ich habe ihn nicht gefunden – aber! – seine Schwester Margit, die etwas jünger ist als ich und mit der ich nie wirklich Kontakt hatte, fand ich.

Ich schaute mir so ihr Profil an und stellte fest – Hoppla! Sie schreibt seit einiger Zeit sehr erfolgreich Kinderbücher und wird inspiriert bei Spaziergängen und durch das Schreiben ihres Tagesbuches.

Das Schreiben liegt also anscheinend in der Familie. ;-)

Und was Margit kann, sollte ich doch auch können! Zufall, dass ich ihr gerade jetzt begegne, wo ich daran zweifle, dass ich schreiben kann?!

Ich glaube, nicht!

*Die zweite Begegnung an diesem Tag*

Ich hatte ein Strickprojekt fertiggestellt und in Facebook veröffentlicht und erzählte heute Morgen meinem Mann, dass ich dieses Projekt – ein Tuch das den Gott Horus darstellen soll – als Anregung für mein erstes selbst entworfenes Tuch benutzen wolle. Ein Tuch, das einen Engel darstellen soll, was naheliegend ist bei meinem Strickblog, der Strickengel heißt. Ich wusste aber nicht so recht, wie ich diese Idee in der Praxis umsetzen soll.

Prompt bekam ich einige Minuten später eine Mail von einer mir bis dahin unbekannten FB-Userin, die mein Tuch bewunderte und mich fragte ob ich schon etwas selbst entworfen hätte.

Ich antwortete ihr, dass ich das gerne machen würde, aber eben nicht wüsste, wie. Daraufhin meinte sie, sie würde mir dabei helfen. Zufall, dass ich ihr gerade jetzt begegne, wo ich gerade überlegte, wie ich designen lerne?!

Ich glaube, nicht!

*Die dritte Begegnung des Tages*

Es ging aber noch weiter – kurz darauf bekam ich eine Mail von Silvana, die mir bis dato unbekannt war.

Sie fragte mich ebenfalls nach der Anleitung für das Tuch, aber bat mich, ihr eine private Nachricht zu senden.

Nun informiere ich mich aber normalerweise immer erst, mit wem ich es zu tun habe.

Was stellte ich fest?! Silvana ist ebenfalls spirituell und hat genau wie ich vor einiger Zeit eine Botschaft vom Universum bekommen, dass sie ein Buch schreiben soll.

Im Gegensatz zu mir hatte sie es bereits gemacht.

Ich hab sie also angeschrieben und ihr gesagt, dass sie nur »vordergründig« über das Tuch mit mir Kontakt aufgenommen habe, ich mir aber sicher sei, dass ein anderer, tieferer Grund dahinterstecke.

Sie antwortete mir umgehend und erzählte aus ihrem Leben, das sich in weiten Teilen mit meinen Erfahrungen deckt – und sie erzählte, dass sie seit einiger Zeit Kontakt in die Schweiz sucht, weil sie vielleicht hierher ziehen möchte.

Zufall, dass ich ihr gerade jetzt begegne, wo ich überlege wie ich die Idee dieses Buches in die Tat umsetzen kann und außerdem sowieso immer an meiner Spiritualität zweifle?!

Ich glaube, nicht!

Ich glaube, die bisher wichtigste Begegnung in meinem Leben, war die Begegnung mit meinem Mann.

Wir haben uns über das Internet kennengelernt. Allerdings zu einer Zeit, in der das Internet den wirklichen Computerfreaks vorbehalten war.

Damals war es hauptsächlich cinc Plattform auf der sich Programmierer ausgetauscht haben und keineswegs gab es Dating-Portale wie heute.

Außerdem war ich gerade frisch getrennt, also noch nicht geschieden und hatte ganz sicher nicht vor mich so schnell wieder fest zu binden. Ich wollte erstmal mein Leben und meine Freiheit genießen, denn ich glaubte damals meine verlorene Jugend nachholen zu müssen und habe praktisch alles nachgeholt, was ich vorher verpasst hatte. ;-)

Aber Genaueres darüber werdet ihr sicher in einem anderen Kapitel erfahren.

Also, jetzt zu der Begegnung mit meinem Mann.

Es war Samstagmorgen um 10 Uhr – eine Zeit in der ich normalerweise noch geschlafen habe. Er chattete mich an und erzählte mir, dass er meine Website (eine der ersten privaten Websites überhaupt) gesehen hätte, er sei zwar Programmierer, aber wie man eine Internetseite programmiere, davon hätte er keine Ahnung.

Also habe ich versucht ihm zu erklären wie das geht ... HTML 1.0 usw., das war mir aber schnell zu lästig und ich bat ihn mich anzurufen (was ich normalerweise NIE gemacht habe), dann würde ich ihm das am Telefon erklären.

Tja – ein halbes Jahr später zog ich von Augsburg nach Brühl bei Köln.

Nie und nimmer hätten wir uns kennengelernt, wenn wir nicht beide zum selben Zeitpunkt ins damals sehr langsame Internet gegangen wären.

Zufall?

Ich glaube, nicht, denn mein Mann ist das Beste, was mir im Leben passiert ist und wie ihr bestimmt beim Lesen dieses Buches feststellen werdet oder schon festgestellt habt – mir sind schon sehr viele wunderschönen Sachen passiert! :-)

Nichts im Leben geschieht zufällig, so steht bereits vor unserer Geburt fest, mit wem wir uns in diesem Leben wiedertreffen werden – nur der genaue Zeitpunkt und der »Erden-grund« steht noch nicht fest, das entscheiden wir während unseres Aufenthalts auf der Erde selbst.

Jeder von uns kennt diese Situationen, in denen man jemanden trifft, und diese Begegnung eine von vielen ist – Jahre später trifft man sich »zufällig« wieder und dann wird plötzlich eine Freundschaft, Liebe oder auch ein Arbeitsverhältnis daraus.

Das heißt einfach, dass die Zeit bei der ersten Begegnung noch nicht reif war.

Oder der andere und auch häufigere Fall, man lernt jemanden kennen, freundet sich an, verbringt sehr viel Zeit miteinander und eines Tages, aus welchen Gründen auch immer, ist diese Person wieder aus dem Leben verschwunden.

Warum ist das so?

Die Aufgabe, die beide Personen sich gegenseitig gestellt haben, ist erfüllt!

Das können auch wirklich ganz kurze Begegnungen sein, ein Lächeln von jemanden, den man auf der Straße sieht oder die Verkäuferin, die einen bedient.

Aber es können auch wirklich wichtige Begegnungen sein...

Für DICH:

Ich möchte Dir mit diesem Kapitel sagen, dass Du dir bei jeder auch noch so flüchtigen Begegnung bewusst werden solltest, dass dieser, ja, genau DER Mensch, den du gerade jetzt triffst, aus irgendeinem Grund für dich oder du für ihn ein ganz besonderer Mensch sein könnte.

Und dementsprechend solltest du diesem Menschen begegnen und ihn wertschätzen.

**Einsamkeit**

Die Einsamkeit gibt dem Geist Selbstgefühl.

*Bettina von Arnim*

*(1785 - 1859), deutsche Schriftstellerin, eigentlich Anna Elisabeth von Arnim, Schwester des Philosophen Clemens Brentano*

Was ist Einsamkeit? Gibt es Einsamkeit überhaupt?

Ich bin mein ganzes Leben lang immer schon sehr viel allein, aber bin ich deswegen einsam? Nein, ich fühle mich nicht einsam und soweit mich meine Erinnerungen nicht trügen, war ich es auch nie.

Heute weiß ich auch, dass ich die Zeit für mich brauche – um, wie man auf neudeutsch sagt, zu entschleunigen.

Das sollte jeder Mensch machen – entschleunigen, runterkommen, zur Ruhe finden, BEWUSST sein. Leider machen wir es im Normalfall zu wenig, wir ballern uns regelrecht zu, durch die modernen Kommunikationsmittel ist man immer erreichbar.

Ich war bereits in meiner Kindheit gerne allein. Während meine Geschwister miteinander gespielt und getobt haben, war es mir am liebsten, mich in mein Zimmer zurückzuziehen, um zu lesen und, ja, auch zu schreiben.

Ich habe als Teenager bereits Tagebuch geschrieben. Das Tagebuch war mit einem Lederband verschlossen. Eines Tages hat meine Schwester das Band durchgeschnitten und darin gelesen, bzw. meinen Geschwistern daraus vorgelesen.

Daraufhin habe ich aufgehört zu schreiben.

Auch während meiner ersten Ehe, war ich durch die Arbeit meines Ex-Mannes sehr viel allein. Ich habe damals genäht und auch viel gestrickt und gelesen – das war noch vor der Computerzeit (sooooo steinalt bin ich mittlerweile).

Und ich habe diese Zeit alleine meist genossen.

Ja, und seit wir in der Schweiz sind, bin ich nach außen hin gesehen wirklich einsam.

Wir haben kaum Freunde hier, meine Familie ist weit weg und durch mein Handicap bedingt, hatte ich nun seit mehr als zwei Jahren nicht mehr die Chance, unter Menschen zu kommen.

Einsam habe ich mich eigentlich nie gefühlt.

Ich glaube sogar und bin dankbar dafür, dass diese Zeit des nicht laufen Könnens sehr wichtig für mich war und ist, damit ich zu mir finde, ich ganz bei mir bin, in mich gehen kann (welch passende Assoziation, ich kann nicht nach außen »gehen«, aber ich kann in mich gehen).

Es war und ist nicht immer einfach, allein zu sein, aber ich weiß, dass ich nicht wirklich allein bin. Wir sind alle eins und gehören alle zusammen.

Unser Licht strahlt und verbindet sich zu einer großen Lichtkugel – wir sind sozusagen miteinander verschmolzen.

Und ich bin überzeugt davon, dass jeder das schon mal am eigenen Leib gespürt hat.

Wie oft kommt es vor, dass man denkt, den oder die sollte man anrufen und schon schellt das Telefon und die Person, an die man gerade denkt, ist dran. Das passiert mir ganz oft mit meiner Mutter und auch mit meiner Freundin Anita – für gewöhnlich muss ich nur an sie denken und schon schellt das Telefon.

Oder eben gerade passiert … Ich saß gemeinsam mit meinen Mann hier auf der Terrasse und schreibe. Ich habe ihn dann gefragt ob er uns einen Eiskaffee macht – er lächelte und sagte, dass er mich gerade fragen wollte, ob ich einen Eiskaffee mag.

Das beweist doch, dass wir alle miteinander »magisch« verbunden und eine Einheit sind.

Für DICH:

Genauso wie wir Menschen untereinander, miteinander verbunden sind, sind wir mit dem Universum verbunden.

Wir alle sind ein Teil Gottes und können jederzeit mit ihm und allen himmlischen Helfern Kontakt aufnehmen.

Eigentlich ähnlich wie man das heutzutage mit den sozialen Netzwerken macht, mit dem Unterschied dass ihr nicht mal tippen müsst, um in Kontakt zu kommen – denkt es einfach, hört ganz tief in euch rein und ihr werdet feststellen, ihr bekommt umgehend Antwort.

Wenn ihr diese nicht hört, wird das Universum anders versuchen, mit euch in Kontakt zu kommen – über Zeichen, Begegnungen, einen Liedtext den ihr vielleicht gerade rein »zufällig« hört oder wie auch immer.

Ihr müsst euch nur die Mühe machen hinzuhören – bewusst zu sein – und deswegen kann es gar nicht sein, dass man einsam ist – in meinen Augen gibt es keine Einsamkeit – das ist unmöglich!

**Freundschaft**

Von allen Geschenken, die uns das Schicksal gewährt, gibt es kein größeres Gut als die Freundschaft – keinen größeren Reichtum, keine größere Freude

*Epikur von Samos*

Im Grunde weiß ich nicht, woran es liegt, aber ich habe mein ganzes Leben lang schon immer ein Problem wirkliche Freundschaften zu schließen.

In Kontakt komme ich ganz schnell, aber meistens wird nicht mehr als eine Bekanntschaft daraus – und wenn mal mehr daraus wurde, war ich meist diejenige die sich irgendwann zurückzog.

In meinen Augen gibt es verschiedene Arten von Freundschaft – so habe ich es zumindest erlebt:

*Die RICHTIGEN Freunde – leider sehr rar –*

Es gibt einige Menschen, die behaupteten, ich sei ihre beste Freundin – aber es gibt eigentlich – zumindest im Moment – nur einen (lebenden) Menschen, von dem ich ICH das behaupte!

Mein bester Freund ist mein Mann – er ist der Mensch, dem ich alles anvertrauen kann, der mich trotz aller Schwächen so akzeptiert, wie ich bin – er ist der Mensch (außer meiner Mutter, die tut das auch, aber das ist eben meine Mutter), der mich bedingungslos liebt – egal ob ich 200 kg oder 60 kg wiege, egal was ich mache oder tue, er steht hinter mir!

Aber er ist gleichzeitig auch mein größter Kritiker und hält mir auch den Spiegel vor, sagt mir, wenn ich etwas falsch gemacht habe, auch schonungslos die Meinung.

Das machen wir allerdings unter uns aus – er würde niemals vor anderen schlecht über mich reden, auch wenn er sich gerade eben über mich geärgert hat.

Und genau das verlange ich auch von den anderen Menschen, die behaupten, meine besten Freunde zu sein!

Vielleicht ist das sehr viel verlangt, aber nur das ist für mich wahre Freundschaft!

Ich hatte, nein, ich habe noch eine beste Freundin. MARION!

Marion habe ich kennengelernt, als wir unser Haus in Hennef bauten.

Wir hatten einen Termin mit dem Bauträger, an dem auch unsere Nachbarn (wir kauften ein Doppelhaus) teilnehmen sollten.

Ich denke noch heute oft daran … wir parkten unser Auto in einiger Entfernung voneinander, stiegen aus und gingen aufeinander zu, als ob wir uns schon ewig kennen würden.

Marion war sehr schlank, hübsch und groß ... Das totale Gegenteil von mir! Und Marion kämpfte regelrecht um meine Freundschaft – der bisher einzige Mensch (außer meinem Mann), der sich wirklich richtig ins Zeug legte und um mich »warb«, was natürlich – ich gestehe – meinem Ego sehr gut tat.

Das Schöne an unserer Freundschaft war, dass wir uns eben auch so annahmen, wie wir waren.

Sie sah in mir meine Stärken und Schwächen und ich in ihr auch.

Es gab absolut kein Konkurrenzdenken, keinen Neid und keine Eifersucht – jeder konnte sein, wie er war – und wurde von der anderen wert geschätzt.

Wir führten eigentlich ein ziemlich unterschiedliches Leben, teilten auch recht wenige Interessen und dennoch »liebten« wir uns, führten wunderschöne, aufbauende, inspirierende Gespräche, halfen uns gegenseitig mit Rat und Tat.

Wir hatten eine schöne Zeit und manchmal höre ich noch immer Ihre Schritte, sie trug am Liebsten Clogs mit Holzsohlen, und wenn sie nebenan lief, hörte man sie.:-)

Leider durften wir nur fünf Jahre miteinander verbringen, denn sie starb im Mai 2005.

Ich fühle aber, dass sie nach wie vor sehr oft bei mir ist.

*Die vorrübergehenden Freunde – sie kommen und gehen*

Mit dieser Art Freunden habe ich es sehr oft zu tun. Man begegnet sich, ist eine Zeitlang ganz eng miteinander, aber irgendwann reißt der Kontakt ohne irgendwelche Gründe einfach ab. Vielleicht begegnet man sich irgendwann mal wieder, dann ist es, als ob man sich gestern erst getroffen hat – kein Gefühl der Fremdheit – man kennt sich ja!

Von dieser Art Freunden habe ich einige und das ist gut so.

Eine davon ist zum Beispiel Conny

Auch Conny habe ich kennengelernt, weil sie unsere Nachbarin von Gegenüber war (Marion wohnte nebenan – Conny gegenüber).

Conny ist auch ein Engel auf Erden, eine ganz liebe, die sich für andere ein Bein ausreißt und leider dabei auch oft ausgenutzt wird.

Wir waren gut befreundet, ohne uns gegenseitig auf der Pelle zu sitzen – aber auch wir beide haben uns einfach akzeptiert, wie wir waren – ohne die andere zu kritisieren, mit ihr konkurrieren zu wollen oder sie zu beneiden.

Conny ist aus meinem Leben im Moment verschwunden, weil wir in die Schweiz gezogen sind. Aber eines Tages werden wir uns sicher wiedersehen, da bin ich mir sicher

Eine Andere ist Ulla (ja, sie heißt auch Ursula):

Auch das erste Treffen mit ihr werde ich nie vergessen – es war einige Tage nach Marions Tod und ich suchte Ulla aus geschäftlichen Gründen auf.

Sie und ihr Mann betrieben ein Geschäft und ich sollte mit meinen Mädels ihre Website gestalten. Ich bin Verkäuferin mit Leib und Seele und liebe den Kundenkontakt. Aber ich war mir immer sehr bewusst darüber, dass ich, wenn ich irgendwo mit meinen über 200 kg auftrat, erst mal für ein »Schock-Erlebnis« sorgte.

Ja, die Leute waren geschockt, denn so oft sieht man Menschen mit so einem Umfang nicht – und erst recht nicht als Geschäftsfrau. Sofort gehen alle Schubladen gleichzeitig auf – aber ich passte irgendwie in keine rein – kein Wunder bei den Ausmaßen!

Ich wusste aber auch (weil mir das sehr viele Menschen sagten), dass ich diesen ersten Eindruck binnen Sekunden wettmachte. Sobald ich den Mund aufmachte und die Menschen begrüßte, vergaßen sie mein Aussehen. Und das war gut so!

Nun kam ich also zu Ulla, sie machte mir die Tür auf und ich dachte mir als Erstes: »Hurra, eine Mollige«, denn gewöhnlich waren die Blicke von selbst Betroffenen nicht ganz so mitleidig, bzw. verachtend.

Aber, um es kurz zu machen, wir schauten uns an – irgendwie war dann alles zwischen uns schon klar – ohne Worte – wir verstanden uns, auf der Herzensebene.

Es wurde ein langer Geschäftstermin, bei dem wir über alles Mögliche gesprochen haben, aber sicher nicht über irgendwelche Internetseiten.

Anschließend schrieb sie mir dann eine Mail, dass ihr das Gespräch auch so gut gefallen hätte und wir uns doch unbedingt mal privat MIT Männern treffen sollten.

Wir haben uns dann einige Tage später zum Essen verabredet – und Thomas, ihr Mann, und mein Mann Dieter haben sich genauso gut verstanden.

So entstand eine wunderschöne, sehr intensive Freundschaft.

Wir gehörten bald schon praktisch zur Familie und genossen das, denn die beiden hatten fünf Kinder. Es war einfach total klasse, eine »Ersatzfamilie« zu haben.

Durch unseren Umzug in die Schweiz wurde auch diese Freundschaft auf Eis gelegt.

Ich habe mir übrigens ganz oft gedacht, dass Marion mich zu Ulla geschickt hat. ;-)

*Die falschen Freunde*

Ich möchte über diese Art Freundschaft eigentlich nicht wirklich schreiben, denn ich merke, während ich schreibe, dass es schmerzhaft ist.

Natürlich hatte und habe ich noch heute Probleme mit meinem Aussehen.

Natürlich hatte ich auch jahrelang Komplexe und Minderwertigkeitsgefühle.

Natürlich dachte ich, ich hätte es nicht »verdient«, Freunde zu haben, die mich akzeptieren, wie ich bin. Und dementsprechend habe auch ich, wenn ich jemanden sympathisch fand, um dessen Freundschaft regelrecht »gebettelt«.

Ich fühlte mich geehrt, wenn ich »plötzlich« Bekannte hatte, die es eigentlich nicht »nötig« hatten, mit Menschen wie mir Kontakt zu haben.

Es tat meinem Ego gut, ich fühlte mich angenommen, geliebt und geachtet.

Heute weiß ich, dass diese Menschen aber auch die Freundschaft mit mir für irgendetwas brauchten:

- Zum Beispiel, um ebenfalls ihr Ego aufzupolieren und zu zeigen, wie ach so tolerant sie doch sind, indem sie mit »solchen« Menschen befreundet sind
- oder, und das war früher sehr oft der Fall, sie freundeten sich mit mir an, weil sie wussten, dass ich ganz gute Geschäftsideen hatte und habe und sich davon etwas versprachen
- oder ich sollte Werbung für sie und ihre Produkte machen
- Sie gaukeln dir eine Freundschaft vor, nehmen immer nur, geben aber nichts.
- Sie nehmen dich nicht an, wie du bist, sondern verachten dich eigentlich
- Sie verachten dich und wetteifern mit dir, sind neidisch und lästern hinter deinem Rücken über dich
- Ich hatte ZU oft falsche Freunde, die zu mir so taten, als ob sie mich akzeptieren würden, aber hinter meinem Rücken über mich gelästert haben
- mich wegen meines Aussehens in IHRE Schublade gesteckt haben und mich innerlich verachtet haben

- die mich in gewisser Weise auch beneidet haben, weil sie spürten, dass sie in derselben Situation nicht so offen mit ihren Schwächen umgehen würden
- die mich für ihre Zwecke ausnutzten, weil sie wussten, dass ich für ihre »Freundschaft« alles gemacht hätte.
- Oder, und das sind für mich die »Schlimmsten«, die, die mich aus Mitleid in ihren Freundeskreis aufgenommen haben

*Bekannte oder Kollegen*

Zu denen zähle ich alle anderen. Das sind für mich Arbeitskollegen, Schulkameraden und alle Menschen, mit denen man nur oberflächlich Kontakt hat.

Das können manchmal auch wirklich intensive Bekanntschaften sein, aber man teilt »nur« gemeinsame Interessen – letztendlich will man aber nicht wirklich viel vom anderen wissen.

Davon gibt's naturgemäß die Meisten.

Für DICH:

Ich glaube, man benötigt jede Art von Freunden. Und gerade die »falschen« Freunde sind wichtig, um zu lernen.

Eigentlich sind das diejenigen, die dir den Spiegel vorhalten und dir sagen: Achtung!

Da hast DU ein Problem und daran muss DU noch arbeiten. Also absolut kein Grund, diesen sogenannten Freunden böse zu sein – eher im Gegenteil, sei ihnen dankbar, dass sie sich in einer anderen Dimension dafür entschieden haben, dir auf diese Art ihre Liebe zu zeigen. Letztendlich geschieht alles, was geschieht, aus Liebe – wenn sie auch oft falsch verstanden und gelebt wird.

## Planung

Vor langen Zeiten lebte in Japan ein Mann, der freute sich auf eine wichtige Reise. Er wollte in einen entfernten Schintotempel beten gehen.
Die ganze Nacht fieberte er der Abreise entgegen.
Gleich mit dem ersten Hahnenschrei sprang er aus dem Bett, packte das Tuch mit den gebackenen Reisbällen, wickelte die Gamaschen um sein Bein und wollte gerade losziehen, als seine Frau ihm nachrief: »Aber, mein lieber Mann, du hast ja nur eine Gamasche an. Die andere hast du um den Pfeiler der Veranda gewickelt!«
Er aber scherte sich nicht drum und machte sich eilig auf den Weg, kam auch glücklich an, betete zu seiner Gottheit und wollte, als er mit allem fertig war, frühstücken gehen.
Er kehrte in das Gasthaus im Tempelhof ein, doch erschrak er sehr, als er das Geldsäckchen öffnete; es enthielt nur einige kleine Münzen: das Opfergeld.
Er hatte aus Versehen das falsche Säckchen mit dem Reisegeld in den Opferstock geworfen! Missmutig schlich er sich hinaus und wollte wenigstens die Reisbällchen essen.
Aber als er das Einschlagtuch öffnete, stellte er fest: Da war nur Stroh drin.
Er hatte aus Versehen das Kissen mitgenommen, als er so hastig aus dem Bett sprang!
Wütend kehrte er in sein Dorf zurück.
Am Ufer des Flusses erkannte er seine Frau beim Wäschewaschen.
»Du dummes Weib«, entfuhr es ihm, »hättest du nicht besser für mich sorgen können!?«
In dem Augenblick erkannte er: Das war gar nicht seine Frau.

*Aus Japan*

Jeder Mensch hat seine Lebensaufgabe, seinen Lebensplan – egal, wie gut man sein Leben plant, wenn die Lebensaufgabe eine andere ist, nutzt die beste Planung nicht.

Ich hatte zum Beispiel schon als Jugendliche den Plan, einmal eine Familie mit mindestens drei Kindern zu haben, natürlich einen Supermann als Partner, ein Traumhaus mit Garten und Pool.

Hausfrau und Mama sein, das war die Vorstellung, die ich bereits als Jugendliche von meinem Leben hatte. Ich bin mir auch immer noch sicher, dass ich eine ganz tolle Mutter geworden wäre.

Ich habe auch wirklich alles dafür gemacht, damit dieser Plan in Erfüllung gehen konnte.

So habe ich direkt nach meiner Ausbildung einen Bausparvertrag usw. gemacht für die spätere Finanzierung unseres Hauses – habe mir den »perfekten« Vater für meine künftigen Kinder gesucht und geheiratet – habe mit ihm sogar das besagte Haus gebaut.

Aber es sollte mit dem Kinderwunsch einfach nicht klappen. Wir haben wirklich alles versucht – künstliche Befruchtung, Adoption usw. – es war nicht unser Weg.

Letztendlich ist diese Ehe gescheitert, das Haus wurde verkauft, ich lernte meinen jetzigen Mann kennen, zog ins Rheinland und gründete meine Internetagentur.

Nach einigen Jahren entschlossen wir uns, dem Rheinland den Rücken zu kehren, planten einen Umzug nach Bayern oder an die österreichische Grenze.

Wohin? Na wenn schon dann in die schönste Gegend Bayerns natürlich – wir hatten an Oberbayern gedacht – und sind dort auf Grundstückssuche gegangen.

Der damalige Arbeitgeber meines Mannes hat bei Salzburg eine Zweigstelle und unsere Idee war, dass er sich »einfach« dorthin versetzen lassen könnte.

Bald schon hatten wir auch ein Grundstück gefunden – traumhaft schön gelegen – mitten in den Bergen, allerdings nicht in Deutschland, sondern in Österreich.

Wir sicherten uns im August 2007 das Vorkaufsrecht, informierten uns über mögliche Baufirmen und schrieben unser Haus in NRW zum Verkauf aus.

Bald schon hatten wir uns für eine Fertighausfirma entschieden und gingen mit dem Architekten in Planung, machten einen Vorvertrag für den Hauskauf.

Es war geplant, im September 2008 mit dem Bauen anzufangen, um spätestens in 2009 einziehen zu können.

Lange Rede, kurzer Sinn: Im März 2008 bekam mein Mann den Tipp eines Vorgesetzten, NICHT zu bauen, weil die Firma angeblich ihren Firmensitz in zwei bis drei Jahren nach Wien verlagern würde. Ihr könnt euch sicher vorstellen, wie uns die Klappe buchstäblich herunterfiel.

Nach der ersten Enttäuschung überlegten wir aber, trotzdem umzuziehen, aber nicht zu bauen, sondern ein Haus zu mieten – somit wären wir flexibel gewesen und bereit gewesen, in einigen Jahren mit nach Wien zu ziehen – Hauptsache weg aus NRW!

Also machten wir uns auf die Suche nach einem Haus zur Miete – fanden auch bald ein wunderschönes Einfamilienhaus in der Nähe von Traunstein – kurz vor dem Abschluss des Mietvertrages kam wieder ein Tipp des Vorgesetzten meines Mannes ... die Firma würde den Standort GANZ schließen.

Das würde für uns bedeuten, dass mein Mann arbeitslos werden würde.

Da aber nun mein Mann bereits seit mehr als 25 Jahren dort arbeitete und eine leitende Position hatte, wären wir ziemlich bescheuert gewesen, wenn wir den Arbeitsplatz aufs Spiel setzen würden.

Ihr könnt euch sicher vorstellen, wie down wir damals waren, unsere ganzen Zukunftspläne wie eine Seifenblase platzen zu sehen.

Einige Tage später machte der Chef meines Mannes ihm das Angebot, in die Schweiz zu gehen.

Anfangs war ich nicht so begeistert, erstens war ich bis dahin in der Schweiz nur auf der Durchreise und zweitens ist es von dort fast genauso weit zu meiner Familie wie vom Rheinland.

Nach einem Kurzurlaub im Juni 08 dort änderten wir unsere Meinung aber und entschlossen uns zur Auswanderung in die Schweiz.

Und nun sind wir seit Januar 09 hier und fühlen uns pudelwohl, können uns beide kaum vorstellen, jemals wieder woanders zu wohnen ...

Also man sieht, auch bei bester Planung spielt das Leben eben manchmal anders – weil der Lebensweg ein anderer ist.

Auf der anderen Seite musste ich in den letzten Jahren immer alles planen, sonst wäre ein »normales« Leben mit meinem Gewicht nicht möglich gewesen.

So mussten wir zum Beispiel jeden Restaurantbesuch vorher planen. Wir konnten nicht einfach dorthin fahren, wo wir wollten – so musste ich zum Beispiel abklären, ob es geeignete Sitzmöglichkeiten – am besten eine Bank – für mich gab.

Meistens habe ich bei der Reservierung darum gebeten, mir einen Stuhl ohne Armlehnen hinzustellen.

Nichts ist nämlich peinlicher als in einem vollen Restaurant (alle Leute schauen sowieso schon auf dich) sagen zu müssen, »hätten Sie bitte einen anderen Stuhl für mich?«. Und dann den Kellner durch den Raum zu seinem Kollegen brüllen zu hören: »Haben wir einen anderen Stuhl?«

Das ist mir in der Vergangenheit nur allzu oft passiert.

Oder noch schlimmer, wir mussten auch vorher schauen, ob Treppen da waren – wenn ja, konnte ich die letzten Jahre einfach nicht dahin gehen.

Auch meinen Friseur, Kosmetiker oder was auch immer konnte ich die letzten 25 Jahre nicht nach Leistung auswählen, sondern danach, welche Einrichtung vorhanden ist

Auch im Moment erlebe ich es wieder hautnah. Wir PLANEN derzeit die Operation meiner Knie. Nicht nur, dass die Operation sehr außergewöhnlich ist und wir erst einen geeigneten Arzt finden müssen. Nein, wir müssen auch ein geeignetes Spital finden, das die nötige Infrastruktur hat.

Damit alles gut wird, sind wir hier gezwungen zu planen.

Für DICH:

Ein Plan ist gut und richtig – in gewissem Masse. Aber sei nicht erstaunt, wenn dein Weg ein anderer ist und du, aus welchen Gründen auch immer, gezwungen wirst, einen Plan B zu machen!

Das ganze Leben kann man nicht planen – aber den heutigen Tag sehr wohl! Mit dem heutigen Tag stellst du aber die Weichen für die Zukunft!

»Wie töricht ist es, Pläne für das ganze Leben zu machen, da wir doch nicht einmal Herren des morgigen Tages sind.«

*Lucius Annaeus Seneca (4 v.Chr. - 65 n.Chr.), röm. Philosoph u. Dichter*

**Konkurrenz**

Amateure versuchen immer, die Konkurrenz zu überbieten. Profis trachten immer danach, sich selbst zu übertreffen.

*© Karl Pilsl*

*(*1948), in den USA lebender österreichischer Wirtschaftsjournalist, Unternehmer und Marktforscher*

*Quelle: »Strategie 2000«, »Starke Worte für starke Zeiten«*

Wir stehen unser ganzes Leben unter Konkurrenzdruck.

Das fängt bereits bei unserer Geburt an.

Welche Eltern vergleichen ihre Kinder nicht mit den Kindern anderer Leute?

Mein Kind ist immer das Schönste, Beste, Tollste – aber mein Kind kann bereits laufen – aber mein Kind hat schon früher als deines Laufen können – und sprechen kann es auch schon.

Und so geht es unser gesamtes Leben weiter – im Kindergarten, in der Schule, im Sport – überall geht es um Konkurrenz, ums Vergleichen.

Wer ist der Bessere, der Schönere, der Schlankere, die Schönere, die Intelligentere, die Beliebtere?

Ich weiß das sehr gut, denn ich gestehe, ich habe mich auch oft in meinem Leben verglichen und es mir dadurch sehr schwer gemacht.

Das fing auch bei mir in frühester Kindheit an.

Ich stand immer in Konkurrenz zu meiner um ein Jahr jüngeren Schwester und sie zu mir – denn man spiegelt sich im anderen immer.

Ich war als Kind und Jugendliche zwar nicht dick, aber immer stämmiger als meine Schwester Susanne.

Sie war die Zierliche, Kleine mit wunderschönen langen, lockigen Haaren. Genau wie heute noch eine richtige Zaubermaus – die Leute waren und sind hin und weg von ihr. Ich dagegen eher die unscheinbare, graue Maus – zwar ganz niedlich anzusehen, aber in »meinen Augen« nichts Besonderes.

Dazu kam, dass meine Schwester Papas Liebling, mit meinen Brüdern sehr eng und ich nach dem Tod meines leiblichen Vaters der Außenseiter in der Familie war.

Auch bei Fremden kam meine Schwester immer besser an als ich – sie haben uns ständig miteinander verglichen.

Sie kam ein Jahr nach mir in die Schule. Jetzt konnte ich endlich punkten! Denn ich ging – zumindest die ersten Jahre – sehr gerne in die Schule, war auch recht ehrgeizig und sehr gut in der Schule.

Endlich konnte ich auch etwas aufweisen!

Ich hatte bessere Noten und habe das meiner Schwester gegenüber auch immer »heraushängen« lassen … so nach dem Motto … ich bin zwar dick und hässlich, dafür bist du »blond«.

Und, liebe Familie, nicht böse sein, das wurde auch vom Rest der Familie noch gefördert, indem sie es auch immer bestätigt haben und uns eben auch ständig verglichen haben.

In der Pubertät wurde es noch extremer – während ich um jede Freundschaft glaubte, kämpfen zu müssen, sind meiner Schwester Freundinnen und Freunde nur so zugeflogen.

Und wenn ich dann mal meinte einen Freund, eine Freundin zu haben – kaum haben sie meine Schwester kennengelernt, war ich »abgeschrieben«.

Sie war viel interessanter, mit ihr konnte und kann man Pferde stehlen, während ich eher die Ruhige, Zurückgezogene, Introvertierte war.

Wer weiß, ob ich mit meinem ersten Mann überhaupt zusammengekommen wäre, wenn wir nicht dermaßen in der Konkurrenzschleife gesteckt hätten.

Ich hatte ihn gerade kennengelernt und er hatte mich besucht. Als er weg war, meinte meine Schwester, das sei ein ganz Süßer und wenn ich ihn mir jetzt nicht schnappen würde, würde sie es tun.

DAS konnte ich nun aber nicht zulassen!

Kurze Zeit später hatte auch sie einen Freund – der meinem damaligen Freund, zumindest rein äußerlich, sehr ähnlich war und DIE beiden wurden für Brüder gehalten und auch miteinander verglichen.

Ja, und dann kam für mich eine der schwierigsten Zeiten meines Lebens.

Meine Gewichtsprobleme begannen, ich hatte Komplexe und Hemmungen, traute mich fast nicht aus dem Haus, während meine Schwester immer hübscher wurde und ihr die Männer nur so nachliefen.

Dann hatte ich den unerfüllten Kinderwunsch, während meine Schwester ungeplant, alleinerziehend schwanger wurde.

Ich habe das wiederum kompensiert, indem ich beruflich recht erfolgreich war, Geld hatte – während meine Schwester damals als alleinerziehende Mutter und Friseurin natürlich sehr sparen musste.

So ging es viele Jahre lang – weil wir einfach nicht begriffen haben, dass wir BEIDE gut sind, so wie wir sind. Wir haben es gar nicht nötig, uns miteinander zu vergleichen, weil wir beide einzigartig und etwas ganz Besonderes sind!

Für DICH:

Genauso einzigartig bist DU – auch du musst dich nicht ständig mit anderen vergleichen! Das was du bist, bist DU – akzeptiere und nehme dich an wie du bist – liebe dich selbst und es ist ganz egal, wie Andere sind.

Hört auf, euch gegenseitig zu bewerten und gering zu schätzen.

Und hört auf, alles in eine Norm zu pressen – wenn jemand anders ist als DU, heißt es nicht automatisch, dass er besser oder schlechter ist.

Er hat eine ganz andere Lebensaufgabe als du, muss ganz andere Erfahrungen als du machen und deswegen kann man sich gar nicht vergleichen.

Es geht gar nicht, denn wenn wir uns vergleichen könnten, wären wir alle absolut identisch. Da wir aber einzigartig sind, kann es auch keinen Vergleich geben.

Es ist, wie es ist!

Wenn wir uns wirklich miteinander vergleichen könnten, dann wären wir alle gleich, vollkommen identisch und keine Individuen!

Also hört doch auf, euch zu vergleichen und miteinander zu konkurrieren!

## Rücksicht

Die Rücksicht ist ein Engelsamt,
Das, still geübt zu Menschenheil,
Beweist, dass es vom Himmel stammt,
Doch kehr sie nicht ins Gegenteil.
Wer ausruft, dass er Rücksicht nimmt,
Und so mit dem Posaunenschrei
Auf offnem Markt zusammenstimmt,
Der bricht der Rücksicht Kern entzwei.
Und wenn dein Herz die Wohltat liebt,
Bedenk die Art, wie du beschenkst,
Und dass es auch ein Wohltun gibt,
Mit dem du selbst den Bettler kränkst.

*Emil Claar*

Mit Rücksichtnahme, aber auch falscher Rücksicht kenne ich mich nun bestens aus. Ich bin nämlich eine Meisterin in falscher Rücksichtnahme.

Ein Beispiel dafür habe ich eben gerade erlebt. Ich saß hier auf der Terrasse beim Schreiben, meine Beine haben wahnsinnig geschmerzt wegen der Ödeme.

Bei Ödemen ist langes Sitzen Gift!

Da aber meine Knie kaputt sind, brauche ich Hilfe, wenn ich die Beine hoch lagern möchte. Nun kam mein Mann heraus – ich dachte mir, prima, jetzt kann er mir helfen, meine Beine hochzulegen.

Ich konnte leider nicht so schnell meinen Wunsch äußern als er schon auf der Couch lag. Nun habe ich nichts mehr gesagt, weil ich nicht wollte, dass er extra wegen mir wieder aufsteht. Ich hielt lieber die Schmerzen aus und habe auf ihn Rücksicht genommen.

Irgendwann habe ich es ihm dann doch gesagt, aber wenn ich es gleich gemacht hätte, hätte ich mir einige Schmerzen erspart.

Das meine ich mit falscher Rücksichtnahme – wie gesagt, da bin ich eine Meisterin drin.

Meine Geschwister und ich mussten bereits in frühester Kindheit lernen Rücksicht zu nehmen. Michael, mein älterer Bruder, ist mit einer Sehschwäche zur Welt gekommen.

Meine Eltern haben uns beigebracht, ganz »normal« mit ihm umzugehen. So wurde Michael zumindest von meinen Eltern (bei den Großeltern war das allerdings ganz anders!) nicht anders behandelt als wir auch. Im Gegenteil, auch Michael musste meiner Mutter (manchmal) helfen abzutrocknen – alle wussten, dass er eigentlich nicht sah, was er machte – aber er konnte es trotzdem.

Natürlich gab es auch für meine Eltern Lernaufgaben im Zusammenhang mit seiner Behinderung.

Ich bewundere sie sehr dafür, wie sie diese Aufgabe gemeistert haben.

So kam Michael, als er eingeschult wurde, erst einmal in eine Sehbehindertenschule – nun waren Behinderteneinrichtungen in den 70er Jahren anders als heutzutage – die Kinder waren oft unterfordert und wurden eben als »behindert« abgestempelt und dementsprechend behandelt.

Diese Art der Schulunterbringung war so gar nichts für ihn!

Meinen Eltern ist es gegen alle Widerstände gelungen, ihn ab dem dritten Schuljahr in der normalen Grundschule, in die ich auch ging, unterzubringen.

Dort wurde er nicht als Behinderter behandelt und wurde ohne Rücksicht auf seine Behinderung wie alle anderen Kinder unterrichtet – mit dem einzigen Privileg, dass er in der ersten Reihe sitzen musste und jederzeit an die Tafel vorkommen durfte, wenn er etwas nicht sah.

Nach der fünften Klasse kam Michael in das Gymnasium.

Da ich nur ein Jahr jünger bin als er, hielten es meine Eltern für eine gute Idee, uns beide in dieselbe Klasse zu schicken – ich bekam die Aufgabe, meinen Bruder zu unterstützen, neben ihm zu sitzen und ihm zu helfen, wenn er nicht mitkam.

Nun kam Michael aber von der fünften Klasse ins Gymnasium, während ich von der vierten Klasse abging.

Ich habe meine Aufgabe, ihm zu helfen, sehr ernst genommen und gemeint, ich müsse Rücksicht auf ihn nehmen, habe als Kind gedacht, ich müsse auf ihn aufpassen.

Mit dem Ergebnis, dass ich in der Schule überhaupt nicht mehr mitkam, nachts meine Aufgaben erledigt habe und bereits während der Probezeit ein »seelisches Wrack« war.

Ich war total überfordert. Auf ihn Rücksicht zu nehmen, ihn zu unterstützen und mich gleichzeitig auch noch um mich zu kümmern, das ging gar nicht.

Wie nicht anders zu erwarten, bin ich nach einem halben Jahr runter vom Gymnasium und zurück in die normale Schule,

Michael hat mich nicht gebraucht, es war gar nicht nötig, dass ich auf ihn Rücksicht genommen habe. Im Gegenteil, er hat das ganz prima auch ohne mich hinbekommen und das Gymnasium und das anschließende Studium mit Bravour gemeistert.

Hätten meine Eltern Rücksicht auf seine Behinderung genommen – erst dann wäre er behindert gewesen, behindert in seiner Entwicklung zu einem selbstständigen, selbstbestimmten Leben.

Heute führt mein Bruder ein ganz normales Leben. Wenn man nicht weiß, dass er eine Sehschwäche hat, merkt man es ihm kaum an.

Ich bin sehr stolz auf meinen »großen« Bruder und er war mir immer ein Vorbild. Er war wegweisend für mich, vor allem in der Zeit, als ich mit mir und mit meinem Aussehen gehadert habe – aber das ist ein anderes Thema.

Ich selbst habe natürlich oft erlebt, dass Menschen meinten, auf mich Rücksicht nehmen zu müssen – das war immer lieb gemeint, das weiß ich sehr wohl.

Leider ist es bei mir aber nicht immer so angekommen.

Aber ich möchte euch ein positives Beispiel von Rücksichtnahme erzählen.

Wir haben hier in der Schweiz ein Lieblingsrestaurant. Als wir das Restaurant entdeckten, war Winter und im Gastraum sind Bänke, also kein Problem für mich.

Nun geht aber der längste Winter auch in der Schweiz mal zu Ende und als wir im Sommer in das Restaurant kamen, wollten wir gerne draußen sitzen. Nun sind dort nur Plastikstühle mit Armlehnen – also unmöglich für mich! Dementsprechend ging mein Mann in den Gastraum und holte einen Holzstuhl ohne Lehnen für mich.

Als wir eine Woche später wieder in das Restaurant kamen, stand an unserem vorher reservierten Tisch eine Holzbank. Die Wirtin hatte sie extra für mich besorgt!

Das nenne ich Service und Rücksichtnahme!

Ohne Worte dort helfen, wo Hilfe angebracht ist und ohne den »Hilfsbedürftigen« bloßzustellen!

Leider muss man, was die Ausstattung betrifft, öfter erleben, dass eben keine Rücksicht genommen wird. So waren wir in Hotels, haben extra das sogenannte behindertengerechte Zimmer angemietet, aber das Bad war so winzig, dass es mit dem Rollator kaum möglich war, es zu betreten – mit einem Rollstuhl ganz und gar unmöglich.

Oder hier im Spital in Schwyz standen bis vor einigen Jahren ganz normale Bänke, dann meinten sie, die Bänke erneuern zu müssen. Jetzt stehen ganz moderne, stylische Bänke dort. Diese sind aber so niedrig, dass jemand mit einer Gehbehinderung oder ein alter Mensch gar keine Chance hat, ohne Hilfe von dieser Bank wieder aufzustehen.

Und das vor einem Krankenhaus! Muss ich das verstehen?

Leider musste ich grundsätzlich die Erfahrung machen, dass in unserer Gesellschaft sehr wenig Rücksicht, und wenn, dann eben falsche Rücksicht genommen wird.

Wahrscheinlich können das die meisten Behinderten bestätigen.

Für DICH:

Bitte nimm dann Rücksicht, wenn es nötig ist, und verwechsle Rücksichtnahme nicht mit Mitleid. Hilfe aus Mitleid will niemand! Überlege erst, was DU in dieser Situation gerne hättest, dann machst du automatisch das Richtige.

## Rückschläge

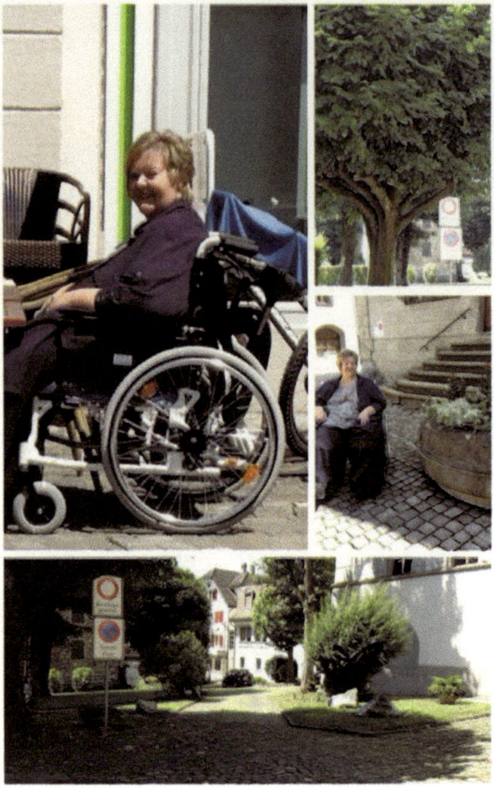

Jeder erleidet irgendwann einmal Rückschläge. Es ist unmöglich, im Leben ohne sie auszukommen – es sei denn, ihr lebt extrem vorsichtig und vermeidet sie. Aber dann war euer Leben umsonst – und automatisch ein einziger Rückschlag.

*(Joanne K. Rowling)*

Mit Rückschlagen musste ich in meinem bisherigen Leben oft zurechtkommen.

Schon in frühester Kindheit spielte das Schicksal nicht so, wie ich es mir vorgestellt hatte. So bestand ich zum Beispiel die Probezeit im Gymnasium nicht und musste wieder zurück auf die Hauptschule.

Im Rückblick war das – glaube ich – der erste große Rückschlag. Ich schämte mich, habe mich deswegen klein gemacht und von Freunden zurückgezogen. Ab dem Zeitpunkt war ich immer Außenseiterin in der Klasse. Nicht, weil mich die anderen nicht mochten, ICH mochte mich nicht!

Das änderte sich erst wieder, als in dann zwei Jahre später in die Realschule kam.

Die ersten zwei Jahre in der Realschule gingen auch noch sehr gut – ich war unter den Besten. Aber dann hatte mich die Pubertät voll im Griff und ich war einfach zu faul zum Lernen – alles andere war wichtiger!

Mit dem Ergebnis, dass ich hinschmiss und wieder zurückging auf die Hauptschule.

Das war noch schlimmer für mich, denn ich kam zu meiner jüngeren Schwester in die Klasse, zwar nur für ein halbes Jahr – vom Zwischenzeugnis im Februar bis zum Jahresende – aber es war sehr demütigend für mich.

Vor allem deswegen, weil mich natürlich die Klassenkameraden mit Spott und Häme überschütteten.

Damals war ich ziemlich am Ende und habe mich sehr in mich zurückgezogen. Das war auch die Zeit, in der ich zu schreiben angefangen habe – in jeder freien Minute saß ich in meinem Zimmer und habe mir Geschichten über mich ausgedacht – wie ich mir die Uschi (man nannte mich bis vor kurzem so) in meinen Träumen vorstellte.

Im Nachhinein glaube ich, dass das sehr gut für mich war, denn ich habe meine traumatischen Schulerlebnisse damit aufgearbeitet.

Nach dem Abschluss (die schlimmsten Phasen der Pubertät hatte ich abgeschlossen) entschloss ich mich dazu, in die weiterführende Schule zu gehen, eine Ausbildung zur Erzieherin zu machen und sowohl den Realschulabschluss als auch das Fachabitur zu machen.

Da ich nun wusste, was ich wollte, Fächer hatte wie Psychologie und Sozialpädagogik, die mich interessierten, war ich sehr gerne in der Fachakademie und plötzlich »flogen« mir gute Noten regelrecht zu ohne dass ich viel lernen musste.

Meine Ausbildung habe ich letztendlich über Umwege mit Erfolg abgeschlossen und arbeitete anschließend für kurze Zeit als Kindergärtnerin.

Nach einem Jahr als Kindergärtnerin machte ich mich jedoch selbstständig (damals 19 Jahre alt), als Vermögensberaterin.

Natürlich blieb es nicht aus, dass ich auch in diesem Beruf viele Rückschläge einstecken musste – wer lässt sich als 50jähriger schon von einem schüchternen Mädel sagen, wie er sein Geld anlegen soll. Heute kann ich darüber lachen – damals nicht!

Auch später im Berufsleben musste ich oft mit Rückschlägen zurechtkommen. Nachdem ich irgendwann keine Lust mehr hatte, Kapitalanlagen zu verkaufen, blieb ich selbstständig und habe alles Mögliche verkauft.

Noch mehr und gravierendere Rückschläge musste ich aber im Privaten einstecken.

Mein erster Mann und ich wollten unbedingt Kinder – es hat nicht geklappt! Ich habe mich künstlich befruchten lassen – nicht einmal – nicht zweimal, sondern insgesamt ZEHNMAL!

Im Nachhinein schüttle ich über mich selbst den Kopf, ich war damals so besessen von meinem Kinderwunsch, dass ich alles dafür gemacht habe.

Ich kann niemandem, der das nicht selbst mitgemacht hat, beschreiben, welchen emotionalen Schwankungen ich dabei ausgesetzt war.

Erst musste ich mir Hormone spritzen, dann wurde der Eingriff vorgenommen – man hoffte erst, dass das Ei befruchtet worden ist. Wenn dies positiv war, kam die anschließende Euphorie, um kurz danach wieder in ein tiefes Loch zu fallen, wenn die nächste Blutung einsetzte. Gleichzeitig aber auch wieder die Hoffnung auf das nächste Mal!

Im Nachhinein war es der blanke Horror. Als es mit leiblichen Kindern nicht klappte, versuchten wir es mit Adoption – auch da kam eine Absage nach der anderen.

Irgendwann konnte ich nicht mehr!

Dazu kam, dass mein Ex-Mann und ich keine Basis fanden, um dieses Trauma gemeinsam aufzuarbeiten. Ich sah keinen Ausweg mehr und trennte mich von ihm – unser neu gebautes Haus mussten wir verkaufen und ich musste mich auf ein Leben ohne Kinder einstellen!

Mir ging es nach der Trennung finanziell viel schlechter als mit 19, als ich bei meinen Eltern auszog.

Aber das war nicht das Schlimmste.

Obwohl die Trennung von mir ausging (mein Ex-Mann hat es mir bis heute nicht verziehen!) war ich psychisch am Ende!

Ich habe in dieser Zeit das erste Mal in meinem Leben allein gewohnt, fühlte mich natürlich nach wie vor dick und hässlich (ich hatte damals bereits um die 200 kg) und war, wie ich heute weiß, mitten in einer Depression. Die ich aber betäubte, indem ich meinte, alles nachholen zu müssen, was ich in meiner Jugend verpasst hatte – und ich meine damit alles! Ich musste mir selbst beweisen, dass mich Männer attraktiv fanden TROTZ meines Aussehens. Ich brauchte das ganz dringend für mein so angeknackstes Selbstbewusstsein und es war total erstaunlich: Den Männern haben meine Pfunde gar nichts ausgemacht!

Plötzlich erkannte ich, dass mein Aussehen gar nicht so wichtig war – meine Ausstrahlung machte es aus!

Ja, und dann, als ich gerade begann, mein Singledasein zu genießen, lernte ich meinen jetzigen Mann kennen und lieben!

Letztendlich war er es, der mich aus meinem tiefen Loch geholt hat und mir all das gab, was mir die ganzen Jahre gefehlt hat: Anerkennung und WIRKLICHE, ECHTE, BEDINGUNGSLOSE Liebe!

Ich glaube das waren die schlimmsten Rückschläge meines Lebens – für mich weitaus schlimmer als die ganzen körperlichen Rückschläge, die ich erleben musste – auch schlimmer als jetzt die Zeit, in der ich weder mobil noch schmerzfrei bin!

Und doch hatten diese Rückschläge etwas Positives!

Ich habe gelernt mit Niederlagen umzugehen und jeder einzelne Rückschlag hat mich im Nachhinein umso stärker gemacht!

Ohne diese früheren Rückschläge hätte ich diese Zeit der Immobilität nicht so gut überstanden – glaube ich heute!

Und auch wenn die Zukunft immer wieder mal Rückschläge und Niederlagen bereithalten wird, ich habe die Gewissheit, dass ich alles schaffen kann und werde, solange ich an mich glaube!

Für DICH:

Sieh eine Niederlage als Chance, sei mutig und nehme sie als Herausforderung an – und denk immer daran: Wenn du meinst es geht nicht mehr, kommt von irgendwo ein Lichtlein her!

<u>Schon Erich Fromm (1900-80) sagte:</u>

<u>„Die Schwierigkeiten, Rückschläge und Kümmernisse des Lebens als Herausforderung anzusehen, deren Überwindung uns stärkt, anstatt sie als ungerechte Strafe zu betrachten, die WIR nicht verdient haben, das erfordert Glauben und Mut."</u>

## Zuversicht

Ich bin in Gottes Hand, wo ich auch geh und steh;
seit meinem ersten Tag bin ich geborgen.
Er kennt mein Herz mit allem seinem Weh,
mit seinen großen, seinen kleinen Sorgen.
Es schützen stetig mich bei Tag und Nacht
die lichten Engel, die er mir gesandt;
drum gibt's für mich nichts, was mich bange macht;

ich weiß es ja, ich steh in Gottes Hand.
Ich bin in Gottes Hand, die mich so sicher stellt,
dass keinem Feind ich in die Hände falle.
Drum fürcht ich mich nicht mehr vor der ganzen Welt,
so lang ich gläubig seine Pfade walle.
Ich bebe nicht, mag kommen was da will;
ich zittre nicht selbst an des Abgrunds Rand;

er führt mich doch dahin, wohin er will;
ich weiß es ja, ich steh in Gottes Hand.
Ich bin in Gottes Hand. Sie hält mich treu und fest
wenn andre Hände gierig nach mir fassen.
Da sein Erbarmen nimmer mich verlässt,
so müssen sie doch endlich von mir lassen.
Mit ihm vereinigt mich für alle Zeit
mein Glaube als ein unzerreißbar Band.
Sein Eigentum bin ich in Ewigkeit;
ich steh und bleib in meines Gottes Hand.

*Karl May, 1900*
*Aus der Sammlung Himmelsgedanke*

Ein anderes Wort für Zuversicht ist Hoffnung.

Es gab auch Momente in meinem Leben, da hatte ich die Hoffnung aufgegeben und resigniert.

Ich dachte viele Jahre, dass ich es nie schaffen würde, so viel abzunehmen, dass ich ein »normales« Leben führen kann.

Ich wusste immer, dass mein starkes Übergewicht nicht davon kam, dass ich übermäßig viel gegessen habe. Aber wenn ich zu Ärzten ging, sagten sie mir damals nur immer und immer wieder, »essen Sie weniger«. Ich habe anfangs eine Diät nach der anderen gemacht, mit dem Ergebnis, dass ich noch mehr zugenommen habe. In gewisser Weise habe ich resigniert – nicht resigniert am Leben, aber daran, das Gewichtsproblem in den Griff zu bekommen.

Auf einer Seite war das gut, denn ich musste lernen mich so anzunehmen, wie ich war, mich selbst zu lieben.

Ansonsten wäre ein normales Leben nicht möglich gewesen.

Wenn man in unserer Gesellschaft nicht der Norm entspricht, wird man überall ausgegrenzt, beschimpft und belächelt. Gerade als Dicke wird man sehr schnell in die Schublade gesteckt – faul und gefräßig – und ich behaupte, das trifft auf die Allerwenigsten zu. Die Medien schüren dieses Bild aber natürlich noch. Wenn sie einen Bericht über Dicke bringen, dann wird dieses Klischee immer bedient. Dicke Menschen, haben wie auch andere Menschen mit anderen Handicaps in unserer Gesellschaft nichts zu suchen.

Also musste ich irgendwie lernen, mich in dieser Gesellschaft zu behaupten und mich selbst zu lieben – das wird sicher noch ein anderes Thema dieses Buches werden.

Trotzdem habe ich immer gesagt, irgendwann werde ich einen Weg zurück in ein normales Leben finden.

Eines Tages hatte ich Besuch von meiner besten Freundin Marion. Ich werde diesen Besuch und dieses Gespräch niemals vergessen.

Sie nahm mich regelrecht ins Gebet und meinte, nun nach 20 Jahren als Schwergewichtige sei es an der Zeit, was zu ändern – sie wolle ja noch ganz viel mit mir erleben.

Die Medizin hätte sich auch weiterentwickelt und vielleicht gäbe es ja irgendetwas was mir helfen würde.

Ich habe abgewiegelt und es eigentlich nicht wirklich ernst genommen, was sie sagte.

Tja! Es kommt oft anders, als man denkt, denn das war das letzte Mal, dass ich SIE lebend sah – vier Wochen später verstarb sie bei einem Motorradunfall.

Einige Wochen nach ihrem Tod schaltete ich »zufällig« am Nachmittag (was ich normalerweise nie machte, da ich gar keine Zeit dafür hatte) den Fernseher ein. Es kam eine Talkshow, Pfarrer Fliege, hatte ich noch nie vorher gesehen.

Es kam eine junge Frau, 19 Jahre, die berichtete, dass sie innerhalb ganz kurzer Zeit sehr viel Gewicht zugenommen habe. Sie sei total verzweifelt, könne mittlerweile nicht mal mehr richtig Treppen steigen vor Schmerzen, die Ärzte würden ihr nur eine Diät nach der anderen empfehlen, usw.

Mir liefen die Tränen herunter – ich empfand in diesem Moment nur so: DAS bin ich, vor 20 Jahren!

Dann sagte Pfarrer Fliege, ob sie denn nicht wüsste, dass das, was sie hat, eine Krankheit ist, und präsentierte ihr einen Arzt aus Mannheim, der dann hereingerufen wurde und ihr sagte, er könne ihr helfen. Sie hätte Lip-Lymphödeme und da könne man mit rechtzeitiger Behandlung sehr viel machen, dazu müsse sie aber in seine Praxis kommen.

Ich natürlich sofort ins Internet und diesen Arzt gesucht, ihm eine Mail geschrieben und meine Situation geschildert. Umgehend kam die Antwort, nach allem, was ich berichte, glaube er auch, dass ich die gleiche Krankheit hätte, aber für eine endgültige Diagnose müsse er mich natürlich untersuchen.

Daraufhin hatte ich einen Untersuchungstermin mit der Diagnose Lip-Lymphödem im Stadium 3, also dem Endstadium.

Er sagte, wenn dies gleich richtig behandelt worden wäre, wäre es nie so schlimm geworden. In diesem Stadium aber könnte man nur noch versuchen durch regelmäßige (drei bis viermal pro Woche) Lymphdrainagen, Kompressionen bis zur Brust und möglichst einmal jährlich einer Entstauungstherapie das Krankheitsstadium zu erhalten – also zu schauen dass es nicht noch mehr wird –, aber heilbar sei diese Krankheit nie mehr –, es sei ein Gendefekt, mit dem ich leben muss.

Ich habe mir diese Diagnose bestätigen lassen, war auch mit gutem Erfolg acht Wochen in der Földiklinik zum Entstauen. Trotz des Erfolgs in der Klinik hatte ich damals innerlich resigniert, angenommen was die Ärzte gesagt hatten, und dachte, ich müsse mich damit abfinden.

Bis ich in die Schweiz kam und Menschen begegnete, die mir Zuversicht gaben, die mir sagten sie könnten mir helfen – was ja nun auch geschah.

Immerhin sind meine Ödeme viel besser geworden – und ich bin bis jetzt 120 kg leichter als noch vor einem Jahr.

Jetzt habe ich wieder Zuversicht – nein – ich gehe sogar weiter – ich habe Gewissheit, dass alles gut werden wird.

Wenn noch so viele Ärzte mir eine Abfuhr erteilen, mir sagen, dass ich im Rollstuhl bleiben werde und nie wieder laufen kann, ich gebe nicht auf. Eines Tages werde ich einen Arzt finden, der mich operiert. Ich weiß ganz sicher, alles wird gut und ich werde wieder laufen!

Für DICH:
Ich möchte Dich aufrufen, bitte gib die Zuversicht nicht auf, in welcher Situation auch immer du bist!

Kummer blickt zurück,
Sorge blickt umher,
Zuversicht blickt empor.

**Vertrauen**

Selbstvertrauen ist die Quelle des Vertrauens zu anderen.

*François de la Rochefoucauld*

Ich merke gerade, ich habe große Probleme damit, über das Thema zu schreiben.

Aber PRO-blem, soll heißen, da ist etwas in uns noch nicht gelöst. Ein Problem entsteht immer, um uns auf etwas aufmerksam zu machen, uns zu zeigen … ACHTUNG, arbeite an Dir.

Und wenn ich darüber nachdenke, wird mir bewusst, dass auch ich – wie wahrscheinlich die meisten Menschen – zu wenig Vertrauen zu mir selbst habe.

Ich zweifle ständig an mir. So ist dieses Buch das beste Beispiel dafür. Ich weiß seit vier Jahren, dass ich ein Buch schreiben soll – aber ich habe gezweifelt, mir nicht ZUGETRAUT, schreiben zu können.

Mir nicht vertraut – ja, und auch dem Universum nicht vertraut, welches mir ja ganz klar auf vielen verschiedenen Wegen immer wieder gesagt hat, ich solle schreiben, ich würde geführt werden.

Ich habe gezweifelt.

Im Zweifeln bin ich sowieso ganz groß – ich zweifle eigentlich immer – NEIN, nicht an anderen! An mir selbst!

Und gleichzeitig fühle ich, dass ich das nicht muss!

Wie sollen mir andere vertrauen, wenn ich es selbst nicht tue?

Gut, in vielen Bereichen habe ich gelernt, mir zu vertrauen – ich weiß zum Beispiel, dass ich alles lernen kann, was ich lernen will.

So war ich mein Leben lang selbstständig, ich habe aber viele verschiedene Dinge gemacht. Zum Beispiel habe ich mit gerade mal 19 Jahren angefangen als Vermögensberaterin zu arbeiten – keine Ahnung von Finanzdienstleistungen, vom Verkauf, von Rhetorik und dergleichen.

Aber ich war mir sehr sicher, dass ich das lernen kann – da habe ich nicht gezweifelt.

Dann konnte ich es, aber es wurde mir zu langweilig – es war keine Herausforderung mehr und ich habe den Job gewechselt und habe einige Jahre Telefonverkauf gemacht – auch da konnte ich anfangs nicht wissen, ob es funktioniert, aber ich habe mir vertraut – war mir sicher, dass ich das schaffen würde.

UND ganz ehrlich, ich habe nie wieder in so kurzer Zeit so viel Geld verdient (ich habe damals nur von 9 bis 12 Uhr gearbeitet).

Aber als ich meinen Kundenstamm aufgebaut hatte, war mir auch das zu langweilig und genau zu dem Zeitpunkt kam die damals neue Erfindung, die die Welt revolutionieren sollte.

Ich kann mich noch sehr gut erinnern.

Das erste Mal habe ich im Radio davon gehört, dass irgendwelche verrückten Menschen in Amerika sich über ein Netzwerk miteinander unterhalten und dass es dies jetzt auch in Deutschland gebe, aber nur Universitäten einen Anschluss hätten.

DAS INTERNET!

Ich kann mich noch erinnern, dass ich mir damals dachte … JA, das ist mein Medium.

Zu dieser Zeit hatte ich bereits als einzige Frau in meinem Bekanntenkreis einen Computer und fand ihn faszinierend, den Gedanken, über einen Bildschirm und eine Tastatur Kontakt mit anderen Menschen aus der ganzen Welt Kontakt aufzunehmen.

Ich habe keinen Augenblick gezweifelt – ich war mir 100% sicher, dass das die Zukunft ist.

Ich habe darauf VERTRAUT!

Dann habe ich angefangen, mich mit der Materie auseinanderzusetzen, habe programmieren gelernt, meine erste eigene Website gebastelt und habe meine Internetagentur gegründet.

Ich habe mir VERTRAUT, dass ich das schaffen werde.

Auch jetzt in der Zeit, als es mir gesundheitlich nicht so gut ging, habe ich nie daran gezweifelt, dass ich eines Tages wieder mobil werde – alles nur eine Frage der Zeit.

ABER, ich merke gerade, während ich das schreibe – ich habe das Problem, anderen zu vertrauen, Kontrolle zu verlieren, abzugeben.

Das war schon ein Thema, als ich meine Internetagentur führte und meine ersten Angestellten hatte. Anfangs dachte ich immer, ich müsse alles selbst machen, alles kontrollieren – ich habe anfangs große Schwierigkeiten gehabt, abzugeben – zu vertrauen.

Mit der Zeit habe ich gelernt, »meinen Mädels« zu vertrauen – die haben es schon richtig oder sogar besser gekonnt als ich – auch das war ein Lernprozess.

Und jetzt will das Universum, dass ich auch abgebe – vertraue, mich TRAUE, mich auf meine innere Führung verlassen – und ich habe im letzten Jahr gelernt zu vertrauen – denn ich MUSSTE vertrauen.

Ich muss vertrauen, darauf, dass alles gut wird, denn sonst wäre ich wahrscheinlich depressiv geworden.

Sicher, es gab und gibt auch dunkle Momente – aber das sind immer nur kurze Momente, in denen ich das Vertrauen verliere.

Aber dann kommt immer von irgendwoher ein Lichtblick, eine Aufmunterung – es geht weiter, bleib dran, gib nicht auf – ich glaube daran, dass ich sehr bald wieder laufen kann (wahrscheinlich kann ich es, bis das Buch erscheint, längst. Aber zum jetzigen Zeitpunkt, in dem ich schreibe, kann ich (noch) nicht laufen – ich vertraue mir, den Ärzten und dem Universum.

Es wird klappen, denn ich muss mit diesem Buch ja auf Lesereise gehen.

Für DICH:

Wann lernst DU es?
Wann lernst DU endlich, DIR zu vertrauen?
Deiner inneren Stimme zu vertrauen?
Deinen Mitmenschen zu vertrauen?

Solange wir Menschen uns selbst und auch anderen nicht vertrauen, uns gegenseitig bespitzeln, denunzieren und verleumden, wird die Welt nicht besser werden.

Deswegen – vertraut auf EUCH, dann könnt ihr auch anderen trauen – denn sie sind im Grunde nur ein Spiegel von euch selbst – fangt endlich an, eure eigenen besten Freunde zu werden – denn besten Freunden kann man alles anvertrauen, beste Freunde sind immer für einen da, helfen und unterstützen sich gegenseitig.

Also, DU, der du das gerade liest – sei dein eigener bester Freund und vertraue DIR und DU wirst sehen, andere werden dir auch vertrauen!

Dein Wert

fühle dich nicht minder Wert,
als du wirklich bist.
denn es birgt das Risiko,
dass du eins vergisst.
nichts auf dieser unsrer Welt
kann so sein wie du.
nicht der allergrößte Held
macht etwas wie du.
und es wird immer jemand geben,
dem egal ist, wie du bist.
solange du dein ganzes Leben,
nur eine Sache nicht vergisst.
Dass du nicht minder wert bist als der Rest,

wenn du träumst und lebst und liebst,
denn es wird immer jemand geben,
der das braucht, was du ihm gibst!

## Gefangen und doch frei

Nun hab ichs endlich überstanden,
Ich fühle mich so frei und froh,
Weil ich aus den verruchten Banden
Mit einer kühnen That entfloh;
Ich hab auf ewig sie verschworen
Die schmähliche Vergangenheit.
Von heute bin ich neu geboren.
Und morgen kommt die bessre Zeit.
Schon hat das Glück mir hergesendet
SchiffAus seiner Sonnen einen Strahl,
Ich jauchze, denn sie ist geendet,
Die tausendfache Seelenqual.
Dich, goldne Freiheit, hab ich wieder,

Mir schickt die Freude ihren Gruß,
Und zu mir selber kehr ich wieder
Und meinem heitern Genius.

*Ludwig Eichrodt (1827 - 1892),*
*Pseudonym: Rudolf Rodt, deutscher Schriftsteller*

Mir war meine Freiheit immer sehr wichtig.

Vielleicht hängt das mit meiner Kindheit zusammen – denn wir wurden von unseren Eltern sehr frei erzogen und durften im Grunde (natürlich in gewissen Grenzen) alles machen, was wir wollten – solange wir uns selbst und anderen damit nicht schadeten.

Freiheit pur waren für mich unsere Campingurlaube – wir fuhren im Sommer immer mit dem Wohnwagen in das damalige Jugoslawien.

Meine Eltern schliefen im Wohnwagen und wir Kinder hatten Zelte aufgebaut.

Das war Leben in der Natur und absolute Freiheit.

Wir konnten tun und lassen, was wir wollten.

So habe ich es damals genossen, möglichst früh, wenn der ganze Platz noch schlief, aufzustehen und im ruhigen klaren Meer zu schwimmen, mich anschließend am Felsstrand auf einen Felsen zu setzen und zu lesen. Das war und ist für mich das Größte, ganz allein, nur das Rauschen des Meeres, die Seemöwen, am Horizont ein Schiff, vereinzelte Schwimmer, die es mir nachtaten.

Das Gleiche Ritual am Abend ... einen Sonnenuntergang am Meer ... wunderschön und für mich perfekt.

Absolute pure Freiheit für mich.

Mein Streben nach Freiheit ist auch der Grund warum ich immer selbstständig war. Für mich ist es eine Horrorvorstellung, einen Chef zu haben, der mir vorschreibt, wann, wie viel und was ich zu arbeiten habe.

Beruflich habe ich immer das absolute Privileg gehabt, das zu machen, was mir Spaß machte – und wenn mir ein Job keinen Spaß mehr machte, habe ich mir eben einen anderen gesucht.

Dabei habe ich nie befürchtet keine Ideen zu haben, irgendwas fällt mir immer ein, womit ich Geld verdienen kann, solange ich meine Freiheit habe und tun und lassen kann, was ich will.

Und doch war ich mein gesamtes bisheriges Leben als Erwachsene gefangen – gefangen im eigenen Körper!

Ich konnte viele Dinge nicht tun, die ich gerne getan hätte – sei es einen Stadtbummel, eine Flugreise und viele andere Dinge.

In vielen Bereichen habe ich mich aber auch selbst in ein Gefängnis gesperrt. So bin ich niemals in ein öffentliches Schwimmbad gegangen. Im Normalfall habe ich die Blicke der Menschen um mich herum einfach ignoriert. Aber so viel Selbstvertrauen ins Schwimmbad zu gehen? Nein, das habe ich auch jetzt nicht!

Aber ansonsten habe ich mich nie einsperren lassen – trotz meiner Kilos bin ich immer raus, beruflich war ich immer im Kundenkontakt, musste Kunden und Veranstaltungen besuchen, privat bin ich mit meinem Mann und Freunden ausgegangen, wir sind mit dem Auto (im Flugzeug hätte ich keinen Platz gehabt) verreist, auf Partys und Veranstaltungen gegangen und haben alles das gemacht, was mir mit meinem Gewicht möglich war.

Aber durch den Knochenverschleiß meiner Knie wurde das immer weniger.

Im Januar 2010 bin ich bei uns in der Wohnung gestolpert. Meine größte Angst war immer, hinzufallen. Ich wusste, wenn ich einmal auf dem Boden lag, war es fast nicht möglich, wieder aufzustehen.

Ich bin also gestolpert, und um nicht auf den Boden zu knallen, habe ich mich mit den Armen abgefangen – ich habe es nur knacksen gehört und dann wurde mir schlecht vor Schmerz und im Bestreben nicht ohnmächtig zu werden, schleppte ich mich zum nächsten Stuhl.

Anstatt zum Arzt zu gehen (es wäre mir gar nicht möglich gewesen, ins Auto zu steigen) habe ich »nur« einen befreundeten energetischen Heiler gerufen – er arbeitet auch als Chiropraktiker und hat mich behandelt.

Da ich wahnsinnige Schmerzen beim Gehen hatte, war ich während des Heilungsprozesses meist gelegen, und wenn ich aufstand, musste ich einen Rollator als Hilfsmittel benutzen ... im Rückblick betrachtet war das der Beginn meiner Odyssee von einem Spital ins nächste. Irgendwann konnte ich gar nicht mehr laufen und war vollständig ans Bett gefesselt.

Ich war einfach zu schwer für alles! Durch das ständige Liegen wurden aber auch meine Beine noch schlimmer.

Nun war ich wirklich gefangen – obwohl ich so freiheitsliebend bin – nicht nur gefangen im eigenen Körper – sondern im Grunde genommen in Isolationshaft, wie ich immer sage.

Ich war gefangen in meinem Bett – und das im Grunde (zwar wechselten die Betten wegen der unterschiedlichen Spitäler) vom Oktober 2011 bis zum Mai 2013.

Endlich hatte ich so viel abgenommen, dass mich ein sogenannter Stehlifter hochziehen konnte und ich in einen Pflegestuhl auf Rollen zumindest vom Schlafzimmer ins Wohnzimmer transportiert werden konnte. Dort stand ein Rollstuhl bereit (der etwas zu breit für unsere Zimmertüren ist), mit dem ich auf die Terrasse und auch vor die Tür kann – wenn ich Hilfe habe und mich mein Mann schiebt.

So kann ich mir jetzt (solange ich auf die Knie-OP warte) Stück für Stück ein wenig mehr Freiheit zurückerobern.

Natürlich gab es in dieser Zeit Momente, in denen ich mir sehr isoliert vorkam – indem ich mein Schlafzimmer als Gefängnis empfand. Aber diese Momente gingen meist sehr schnell vorbei, denn ich habe irgendwann begriffen, dass Freiheit im Kopf anfängt.

Solange ich mich nicht unfrei fühle, plane, träume, ich mich beschäftige mit Dingen, die mir Spaß machen – solange bin ich auch frei! Erst wenn ich mir nicht mehr erlaube, frei zu denken, keine Pläne mehr mache, mich bemitleide und in die Opferrolle schlüpfe – erst DANN befinde ich mich im Gefängnis.

Sicherlich hat mich mein Körper blockiert – aber letztendlich eingesperrt habe ich mich (wenn überhaupt!) selbst.

Nichtsdestotrotz freue ich mich sehr auf die Zeit nach den Operationen, die noch anstehen, in der ich meine wiedergewonnene Freiheit in vollen Zügen auskosten kann – und eines der ersten Dinge wird es sein, am Morgen im Meer zu schwimmen, mich anschließend auf einen Felsen setzen, dem Meeresrauschen zu lauschen und der Welt beim Erwachen zuzusehen!

Man mag den freien Menschen
fesseln, knebeln, quälen.
Solang noch Geist und Herz
ihn seinen Wert empfinden
und einen höhern Sinn,
ein letztes Ziel des Lebens ahnen lassen,
wird er sich nicht verloren geben
und dankbar sein für jeden Tag,
da ihm ein inneres Licht
noch Kraft und Weisung gibt.

*© Dr. Carl Peter Fröhling (*1933), deutscher Germanist, Philosoph und Aphoristiker*

Für DICH:

Komm, folge dem Ruf der Freiheit,
breite deine Flügel aus,
auch wenn du noch Zweifel hast,
ob du überhaupt fliegen kannst,
es ist Zeit den Sprung zu wagen,
oder willst du am Ende dastehen
und sagen,
ach, wie gerne wäre ich geflogen?

*© Petra Speth (*1962), Sozialpädagogin*

**Angst**

Frei von Ängsten

Das Leben ist voll mit Ängsten.
Die Angst vorm Leben, vorm Alleinsein, vor Schmerzen und vor dem Sterben.
Ängste, die sich zu einem Berg türmen.
Ich möchte frei sein, frei von Ängsten.
Ich besteige den Berg.
Oben angekommen, schaue ich ins Tal.
Ich habe Angst.
Angst davor, loszulaufen, Angst davor meine Arme wie Flügel auszubreiten, Angst zu fliegen.
Ich nehme allen Mut zusammen und laufe los,

breite meine Arme aus und springe hinab.
Ich fliege – alle Ängste sind wie weggeblasen.
Alles ist auf einmal so unbedeutend, so klein.
Eine himmlische Stille, unterbrochen von Rauschen des Windes,
der sich um meinen Körper windet.
Das erste Mal frei von allen Ängsten.
Ich fühl mich frei wie ein Vogel.
Keine Angst
Keine Angst vor der Landung
Einfach nur frei!

*© Bernd Hoffmann*
*(*1960), Träumer und Poet*

Dieses Gedicht erinnert mich daran, dass auch in meiner Familie jemand war, der Angst hatte.

Angst vor dem Leben, Angst vor der Verantwortung, Angst vor der Zukunft, Existenzangst und vor allem Angst davor, anderen nicht zu genügen.

Mein leiblicher Vater!

Mein Vater hat sich im Alter von 33 Jahren das Leben genommen und uns seine marode Firma, einen Berg Schulden und sehr viele unbeantwortete Fragen hinterlassen.

Ich war damals sechs Jahre alt und uns Kindern wurde gesagt, dass mein Vater an Herzversagen gestorben sei.

Erst viele Jahre später habe ich den genauen Ablauf geträumt und meiner Mutter erzählt. Worauf sie mir endlich erzählte, was wirklich passiert ist.

Er hat sich an einem Parkplatz mit Autoabgasen vergiftet. Einen Abschiedsbrief oder Ähnliches hat er nirgends hinterlegt. Die ganze Familie traf es wie aus heiterem Himmel, als an einem Sonntagvormittag meine Tante anrief und uns die schreckliche Mitteilung machte.

Natürlich hat dieses traumatische Erlebnis Spuren in uns hinterlassen und ich glaube, die Angst, nicht geliebt zu werden, aber auch meine Verlustangst kommt zum großen Teil davon.

Obwohl ich beim Tod meines Vaters bereits sechs Jahre alt war, konnte ich mich nicht an ihn erinnern. An viele Erlebnisse aus meiner frühesten Kindheit kann ich mich gut erinnern, aber alles, was mit meinem Vater zu tun hatte, war ausgeblendet.

Eines Tages habe ich mit meinem Mann in alten Kinderfotos gestöbert und ein Foto von mir und meinem leiblichen Vater gefunden.

Auf dem Foto war ich sechs Jahre alt (später sagte mir meine Mutter, es sei aus unserem letzten gemeinsamen Urlaub gewesen) und ich saß auf dem Schoß meines Vaters.

Nun muss ich dazu sagen, dass meine Mutter nach dem Tod meines Vaters alle Fotos entsorgt und ich nicht oft Bilder von ihm gesehen hatte.

Ich betrachtete also dieses Foto und es kamen ganz viele Emotionen hoch. Plötzlich brach ich in Tränen aus und sagte zu meinem Mann: »Er hat mich ja doch geliebt!«

Daraufhin habe ich vor ca. zehn Jahren meine erste Rückführung gemacht.

In der Rückführung durfte ich sehen, dass mein Vater meine Geschwister und mich sehr geliebt hat. Ich war die älteste Tochter, das erste »gesunde« Kind und Papas Prinzessin – das wusste ich bis dato nicht – ich dachte mein Leben lang, dass meine Schwester Papas Liebling gewesen sei.

Ich durfte auch nochmal erleben, wie er sich verabschiedet hat.

Er hat mich in die Luft geworfen und mir versprochen, dass er bald wieder nach Hause komme. Dabei wusste er da wahrscheinlich schon, dass er nie wiederkommen würde!

Ich habe unbewusst daraufhin immer gedacht, dass er uns nicht geliebt hat, und hatte immer Verlustangst.

Das äußerte sich auch später noch einige Male

So hatte ich wahnsinnige Angst davor, meinen Mann zu verlieren. Er erkrankte im August 2010 an der Bauspeicheldrüse, wurde am Abend mit dem Notarztwagen vom Spital Schwyz nach Luzern verlegt und dort notoperiert.

Damals konnte ich mich schon nicht mehr richtig bewegen, war nur in der Lage mit dem Rollator einige Schritte zu laufen und konnte selbst nicht mehr mit dem Auto fahren.

So saß ich also zuhause und habe um ihn gezittert.

Ich werde das Telefonat mit dem behandelnden Arzt nie vergessen, in dem er mir mitgeteilt hat, dass er meinen Mann operieren würde, ich aber auf alles gefasst sein müsse, denn diese akute Erkrankung würden 75 % aller Patienten nicht überleben.

Es war die längste Nacht meines Lebens!

Es kamen Emotionen in mir hoch, die ich hier nicht beschreiben kann. Ich zündete Kerzen an und betete die ganze Nacht, ging ins Zwiegespräch mit der geistigen Welt und habe alles versucht, um meinem Mann wenigstens emotional eine Stütze zu ein, wenn ich schon nicht bei ihm sein konnte.

Um vier Uhr morgens kam dann Gott sei Dank der erlösende Anruf, dass er die OP gut überstanden hätte, aber er sei noch nicht über den Berg.

Es sollte auch noch weitere vier Monate dauern, ehe er wieder halbwegs fit war.

In diesen Monaten hatte ich oft die Angst, ihn zu verlieren.

Ich habe immer und immer wieder versucht, diese Angst zu verdrängen. Ich wollte keine negativen Gedanken aufkommen lassen, denn ich war mir bewusst, dass Gedanken Kräfte sind und ich den Genesungsprozess mit meinen negativen Gedanken sehr wohl blockieren konnte – ich wollte ihn aber doch unterstützen – positiv denken. Leider war mir das nicht immer möglich – immer wieder rutschte ich in diese Angst.

Eines Tages besuchte mich Hildegard die Lebensberaterin ist.

Ich habe mich lange mit ihr über diese Verlustangst unterhalten und sie überzeugte mich davon, dass ich mich dieser Angst stellen sollte. Sie gab mir den Rat, »gezielt« in diese Emotion der Verlustangst zu gehen und durchzuspielen, was schlimmstenfalls passieren würde. Es war schrecklich, sich »auszumalen« was wäre, wenn Dieter nicht überleben würde.

Aber ich habe mich dem Thema gestellt!

Natürlich wäre es sehr schlimm für mich, aber ich würde es überstehen!

Ich würde nicht daran zugrunde gehen! Wenn der Weg meines Mannes beendet gewesen wäre, ich könnte es nicht ändern, aber ich würde das für mich Beste daraus machen. Ich wusste ja, dass sein Energiekörper solange ich es wollte, bei mir bleiben würde.

Wegen ihm musste ich mir dann also keine Sorgen mehr machen – er wäre am Ziel seines Lebens angekommen – er hätte seine Aufgabe in diesem Leben erfüllt.

Ich bin bewusst mit Hildegards Hilfe wieder aus dieser Emotion herausgegangen in dem Bewusstsein, dass ich, auch wenn das Unaussprechbare geschehen würde, »irgendwie« zurechtkommen werde.

Es hat geholfen – ich hatte danach (fast) keine Angst mehr. ;-)

Ich habe für mich erkannt, dass Angst sehr viel mit meinem Ego zu tun hat, ich habe in erster Linie Angst vor dem Unbekannten, Unberechenbaren, Angst davor, die Kontrolle zu verlieren. Niedere Schwingungen wie Angst zeigen mir Widerstände und Konflikte, die ich vielleicht schon seit Jahren mit mir herumschleppe. Wenn ich mich diesen Ängsten bewusst stelle, kann ich diese Blockaden lösen. Wenn ich sie verdränge, bleiben sie im Unbewussten haften und manifestieren sich irgendwann.

Für DICH:

Stelle dich deinen Ängsten – schaue sie dir an und überlege dir, warum du Angst hast und was dir helfen würde aus dieser Schwingung wieder herauszukommen. Höre in dich hinein – die Antwort findest du ihn dir!

Mit allem, was du denkst, sagst, träumst oder tust, erzeugst du Schwingungen.

Angst, Trauer, Wut und Hass sind sehr niedere Schwingungen.

Wenn du auch diese Gefühle annimmst und akzeptierst, kannst du Widerstände auflösen!

**Glück**

Glück ist gar nicht mal so selten,
Glück wird überall beschert,
vieles kann als Glück uns gelten,
was das Leben uns so lehrt.
Glück ist jeder neue Morgen,
Glück ist bunte Blumenpracht,
Glück sind Tage ohne Sorgen,
Glück ist, wenn man fröhlich lacht.
Glück ist Regen, wenn es heiß ist,
Glück ist Sonne nach dem Guss,
Glück ist, wenn ein Kind ein Eis isst,
Glück ist auch ein lieber Gruß.
Glück ist Wärme, wenn es kalt ist,
Glück ist weißer Meeresstrand,
Glück ist Ruhe, die im Wald ist,
Glück ist eines Freundes Hand.
Glück ist eine stille Stunde,
Glück ist auch ein gutes Buch,

Glück ist Spaß in froher Runde,
Glück ist freundlicher Besuch.
Glück ist niemals ortsgebunden,
Glück kennt keine Jahreszeit,
Glück hat immer der gefunden,
der sich seines Lebens freut.

*Clemens Brentano*

Ich habe mich schon immer als Glückskind bezeichnet.

In meinem Leben hatte ich immer sehr viel Glück!

Glück hat für mich etwas mit gelingen zu tun – wenn ich das Gefühl habe, dass etwas gelungen ist, bin ich glücklich.

Das sind oft nur kleine Augenblicke und Momente, können aber auch »große« Sachen sein.

So bezeichne ich es als großes Glück, dass ich trotz aller Schicksalsschläge in einer wunderbaren, sehr liebevollen Familie aufwachsen durfte.

Es war für uns alle ein großes Glück, dass meine Mutter meinen Adoptivvater kennen- und lieben lernen durfte.

Leider habe ich das nicht immer so gesehen!

Ich kann mich noch erinnern, es muss ein Montag im März 1972 gewesen sein – montags kam immer Disco mit Illya Richter – ich saß wie immer beim Fernsehen auf dem Boden, an die Beine meiner Mutter gelehnt.

Was sah ich? Einen Ring an ihrem Finger!

Obwohl ich erst 6 Jahre alt war, realisierte ich sofort, dass das ein Verlobungsring war!

Ich brach in Tränen aus, dachte, meine Mutter hätte meinen leiblichen Vater bereits vergessen und auch uns würde sie nicht mehr lieben, wenn da jetzt ein anderer Mann kam.

Meine Mutter hatte uns diesen Mann bereits vorgestellt.

Mein Großvater hatte meine Mutter bald nach dem Tod meines Vaters im Tischtennisverein angemeldet. Er wollte, dass sie auf diesem Weg mal wieder vor die Tür kam und am Leben wieder teilnahm. Wie das Schicksal es so will, war ihr Trainer ein junger Mann in ihrem Alter, gerade geschieden und die beiden verliebten sich ineinander.

Bereits die erste Verabredung fand mit uns Kindern statt – meine Großmutter weigerte sich schlichtweg auf uns aufzupassen, mit dem Kommentar: »Der Mann soll gleich wissen auf was er sich einlässt!«

Also kam er und packte uns vier Kinder und meine Mama in seinen grasgrünen Simca und wir fuhren in einen Biergarten.

Als die Kellnerin uns alle sah, schaute sie uns der Reihe nach an und sagte: »Alle vier ganz der Papa!« :-)

Wir Kinder waren genau wie der Freund meiner Mutter alle blond (wie auch mein leiblicher Vater), während meine Mutter brünett war.

Meine kleinen Geschwister sagten ab dem Zeitpunkt »Papa« zu ihm, während mein Bruder Michael und ich beschlossen, »Onkel Rudi« zu ihm zu sagen.

Für mich war er nicht mein Papa! Mein Papa war tot und ich sah es als meine Aufgabe an, die Erinnerung an ihn aufrecht zu erhalten. Wenn alle in der Familie auch so taten, als ob es ihn nie gegeben hätte, ich vermisste ihn. Mir war immer sehr bewusst, dass der neue Mann meiner Mutter nicht mein leiblicher Vater ist, und ich habe ihn das als Kind und vor allem als Jugendliche leider auch deutlich spüren lassen.

Nach der Hochzeit adoptierte er uns schon bald und er war und ist uns der beste Vater, den wir uns nur wünschen konnten!

Heute bin ich sehr dankbar darüber und sehe es als großes Glück an.

Meine Eltern versuchten alles, um uns eine glückliche Kindheit und Jugend zu ermöglichen und sie haben es geschafft, dass wir alle vier positive, starke und (jeder auf seine Weise) erfolgreiche Persönlichkeiten wurden.

Glück äußert sich für mich auch in kleinen Dingen.

Vor einigen Wochen konnte ich das erste Mal seit mehr als einem Jahr auf die Terrasse.

Ich kann gar nicht beschreiben, welche Glücksgefühle ich hatte, als ich die Sonne auf der Haut, den Wind in den Haaren und die frische Luft in meinen Lungen gespürt habe.

Mir liefen die Tränen herunter – es war einfach unglaublich! Und ich bin mir sicher, wenn ich erstmal wieder laufen kann und ich die Welt »neu erobere«, wird das alles noch viel intensiver werden.

Allein der Gedanke daran macht mich jetzt schon so glücklich, dass es kaum auszuhalten ist. Wie wird es erst werden, wenn es so weit ist und ich die ersten Schritte mache?

Ich glaube, dass Glück und Unglück ohne einander nicht funktionieren – wenn man nicht weiß, was Unglück ist, kann man auch kein wirkliches Glück empfinden.

Erst wenn man die Schattenseiten kennt, kann man die Sonne genießen!

Es sind alltägliche Dinge, die wir leider oft gar nicht mehr sehen.

Blumen am Wegesrand, ein schöner Ausblick, die Sonne, die scheint, ein Mensch, der einem gerade zulächelt.

Oft habe ich erlebt, dass gerade Menschen, die nach außen alles haben, die Unglücklichsten sind – sie sehen die Kleinigkeiten nicht mehr, denn das ist Normalität.

Sie sehen nicht, dass sie glückliche Menschen sein könnten, wenn sie ihre Denkweise ändern würden, denn nicht Materielles macht uns glücklich, sondern das, was wir fühlen.

Für DICH:

Du bist nicht auf der Erde, um unglücklich zu werden.
Doch Glück ist allein der innere Frieden.
Lerne ihn finden. Du kannst es.
Überwinde dich selbst und du wirst die Welt überwinden

*(ein buddhistischer Spruch)*

## Geld = Energieausgleich

Das Geld! Das Geld! Es ist der Teufel,
Ein Kind der Hölle sicherlich,
Ein Fluch der Menschheit ohne Zweifel,
Denn jeder will es nur für sich.
Das Geld ist Gift, gefährlich immer,
Ein großes Übel früh und spat,
Eins nur weiß ich, das noch schlimmer
Und das ist: wenn man keines hat!

*Unbekannt*
*Quelle: Aus den »Fliegenden Blättern«,*
*humoristisch-satirische Zeitschrift,*
*erschienen 1845-1928 bei Braun & Schneider, München – Originaltext –*

Bei der Suche nach einem geeigneten Zitat oder Spruch für dieses Kapitel ist mir aufgefallen, dass in unserer Gesellschaft das Thema Geld sehr negativ besetzt ist. Es gibt jede Menge Zitate, wie »Geld allein macht nicht glücklich ...« usw.

Außerdem stelle ich fest, dass die Menschen (gerade in Deutschland – in der Schweiz erlebe ich das Gott sei Dank anders!) auch immer weniger bereit sind, Geld für etwas auszugeben.

Das fängt bei Lebensmitteln an – man kauft nicht mehr direkt beim Metzger, sondern geht lieber in den Supermarkt – und hört bei Kleidung auf, um dann auf die Barrikaden zu gehen, weil die Hersteller uns Pferdefleisch als Rindfleisch verkaufen und in Indien mit Billiglohnarbeiterinnen Kleider nähen lassen.

Auch bucht man Reisen für »kleines« Geld und wundert sich dann, dass man nicht in einem 5-Sterne-Hotel wohnt und die dementsprechende Leistung bekommt.

Alles, was Geld kostet, wird regelrecht verteufelt. Menschen die kein oder wenig Geld haben, sind anscheinend die »besseren« Menschen. Sie verzichten ja, während die Menschen mit Geld anscheinend – auf den ersten Blick – die weniger Wohlhabenden nur ausbeuten und benutzen.

Jetzt werde ich provokant, wenn ich sage, dass sich herausgeredet wird mit dem Argument, man habe kein oder nicht genügend Geld.

Komisch! Für Rauchen, Alkohol oder für die fünf Katzen und zehn Hunde ist immer genug da?!

Nur wenn es darum geht, sich selbst etwas Gutes zu tun, hat man plötzlich kein Geld mehr!

In meinen Augen hat sich der Wert des Geldes verschoben. Geld ist unsere neue Religion – entweder ist es die Hölle oder (je nach Blickwinkel) der Himmel.

Der wahre Wert des Geldes wird nicht gesehen.

Meine Eltern sind nun wirklich nicht reich und auch wir mussten in meiner Kindheit sparen. Wir wurden von meinen Eltern reich beschenkt, indem sie uns ihre bedingungslose Liebe gaben und uns vieles ermöglichten.

So sind wir zum Beispiel sehr oft in Urlaub gefahren, haben aber keine teuren Flug- und Hotelurlaube gemacht, sondern sind eben mit dem Wohnwagen durch die Gegend getingelt.

Wir hatten auch keinen üppigen Kleiderschrank, an Weihnachten und den Geburtstagen gab es neue Kleidung, unterm Jahr war das sehr selten.

Meine Eltern haben aber NIEMALS an der Qualität unserer Lebensmittel gespart – mein Vater hatte und hat immer seinen eigenen Garten, in dem er Gemüse und Salat selbst zog. Meine Mutter ist eine hervorragende Köchin, die im Traum nicht auf die Idee kam, Dosen- oder Fertiggerichte auf den Tisch zu stellen.

Aber vor allem mein Vater hat uns auch immer das Gefühl vermittelt, dass Geld ein knappes Gut sei und man es nicht leichtfertig ausgeben kann.

Als ich erwachsen war, habe ich diese Denkweise übernommen. Ich musste mir alles, was ich hatte, immer hart erarbeiten.

Es gab Zeiten, in denen ich Geld zum Maßstab aller Dinge, zu meinem Gott erhoben habe.

Ich habe als ganz junge Frau einige Jahre als Vermögensberaterin gearbeitet und in dieser Zeit teilweise sehr viel Geld verdient.

Damit konnte ich nicht umgehen – ich wurde arrogant und überheblich.

Ich war in einem Umfeld, in dem es wichtig war, das »richtige« Auto zu fahren, eine tolle Wohnung zu haben, in die »richtigen« Restaurants zu gehen.

Das war der Grund, warum mein Mann und ich uns in einem Lebensalter (wir waren 21 und 24 Jahre alt!), in dem andere ihr Leben genießen, unsere erste Eigentumswohnung kauften und ich mir meinen ersten BMW leistete.

Wir waren plötzlich etwas! Ich kann mich noch erinnern, dass meine Arroganz so weit ging, dass ich eines Tages zu meinem Vater sagte, wie blöd er doch eigentlich sei, sein Geld als Schichtarbeiter zu verdienen, wenn das Geld doch viel leichter zu verdienen ist und praktisch auf der Straße liegt.

Aber wer hoch fliegt, der fällt auch tief!

Einige Jahre später, Vermögensberatung war schon lange Geschichte, erlebte ich genau das Gegenteil.

Ich hatte mich von meinem ersten Mann getrennt, unser Haus war noch nicht verkauft und wir hatten jede Menge Schulden.

Psychisch war ich am Ende, musste meine Miete bezahlen und wusste nicht, wovon. Das war die Zeit in der der Gerichtsvollzieher bei mir ein und ausging. Ich hatte nicht mal genug Geld, um mir etwas zu essen zu kaufen, und kann mich erinnern, dass mein Exmann sogar irgendwann mit einem »Care-Paket« voller Lebensmittel vorbeikam.

Aber ich war immer zu stolz aufs Amt zu gehen, im Gegenteil, ich kam nicht mal auf die Idee, um Zuschüsse zu bitten.

Einige Jahre später – ich hatte mich finanziell wieder gefangen – gründete ich meine Internetagentur.

Ich habe ganz klein, als EIN-Frau-Betrieb, angefangen und habe anfangs kleine Firmen angesprochen, um ihnen eine Website anzubieten und ihnen diese für »kleines« Geld zu erstellen. Damals musste man wirklich noch Überzeugungsarbeit leisten und den Nutzen des Internets erklären. Man brauchte damals viel länger als heute, um eine Website zu erstellen, und bekam nur einen Bruchteil des Geldes, was die Website eigentlich allein vom Zeitaufwand her schon wert war.

Als ich nun meine ersten Rechnungen erstellte, habe ich immer erst die Summe errechnet, die ICH eigentlich verdient hätte. Und dann? Dann habe ich gekürzt – auf die Summe, von der ICH vermutete, dass der Kunde sie bezahlen konnte.

Interessanterweise bekam ich in der Zeit auch nur solche Kunden, die es sich nicht oder kaum leisten konnten, ins Internet zu gehen und meine Arbeit nicht WERTschätzten.

Irgendwann MUSSTE ich meine Preispolitik ändern – ich hatte meine ersten Mitarbeiterinnen eingestellt –, diese wollten am Ende des Monats ihr Gehalt und ich war gezwungen die Preise anzuheben bzw. ordentliche Rechnungen zu erstellen.

Das Interessante daran war, ab dem Zeitpunkt, an dem wir begannen, unsere Arbeit selbst WERTzuschätzen, änderte sich auch unser Kundenkreis und wir bekamen auch Aufträge großer Kunden, bei denen das Budget dafür vorhanden war.

Ich habe gelernt, dass genug Geld vorhanden ist – wenn man es sich selbst wert ist und das Geld letztendlich als Materie ansieht – ich leiste etwas und dann steht mir auch ein angemessener Ausgleich in Form von Geld zu.

Alle Materie in unserem Leben ist letztendlich geleistete Energie und muss sich ausgleichen, um in der Balance zu bleiben.

Deswegen müssen wir auch die Energie, die uns zufließt (in welcher Form auch immer) ausgleichen, egal, ob es sich um Geld, Strom, Wärme, Liebe dabei handelt – es muss immer ein Ausgleich sein.

Ich gleiche aus und bin bereit für Leistung zu bezahlen, für mich hat Geld keinen negativen Beigeschmack mehr.

Nur mit Geld war ich während der letzten Monate in der Lage, mir mein Leben zu erleichtern!

So habe ich mir einen Aufstehlifter, einen Rollstuhl und andere diverse Dinge gekauft.

Ich investiere in eine Personaltrainerin und bin es mir und MEINEM Körper wert, dafür Geld auszugeben.

Irgendwann habe ich aufgehört, dem Geld hinterherzulaufen und habe meine DENKWEISE geändert – seitdem habe ich Geld zwar nicht im Überfluss, aber ich habe genug, um mir das leisten zu können, was ich möchte.

Natürlich beziehe ich nach wie vor keine Zuschüsse von Amt, OBWOHL mir mein Arzt sehr oft schon sagte, ich solle endlich Rente beantragen.

Solange wir in der Lage sind, unser Leben selbst zu finanzieren, möchten wir das auch tun!

Alles in diesem Leben muss sich ausgleichen – es gibt kein schwarz ohne weiß, kein Hoch ohne Tief, keinen Regen ohne Sonnenschein.

Auch Geld ist Energie in Form von erbrachter Leistung, Energieaustausch muss sein, um in der Balance zu bleiben.

Und ich versuche jeden Tag aufs Neue, diese mir zugeflossene Energie auszugleichen.

Das Geld

Der Mensch das Geld als Zahlungsmittel kennt
und ganz verächtlich schnödes Mammon nennt,
weil es häufig Neid und Gier mit sich bringt,
die Welt regiert und außerdem nicht stinkt.
Da auch Geld der Reinlichkeit unterliegt,
sonst aus dem legalen Geldkreislauf fliegt,
man illegales Geld "geldwäschemäßig duscht"
und so seine Herkunft verschleiert und vertuscht.
Für Geld wird alles an den Mann gebracht,
die tollsten Geschäfte werden gemacht,
nur das Glück man als Angebot vermisst,
für kein Geld der Welt es erhältlich ist.
Wer Geld verdient, sich immer rechtens benimmt,
wenn seine erbrachte Gegenleistung stimmt,
er als Verdienst und Belohnung sodann,

sich für Geleistetes was leisten kann.

*© Werner Siepler, 2012*

Für DICH:

Gehe aus dem Mangelgefühl heraus, mache dir bewusst, dass genug Geld da ist und es dir zusteht, genug davon zu haben!

Befreie dich von den alten Glaubensmustern, dass Geld etwas Schlechtes ist und sei es dir SELBST WERT, genug Geld zu haben. Dazu gehört aber auch, dass DU die Leistung anderer anerkennst und genauso bereit bist, dein Geld in Umlauf zu bringen. Bereit bist, angemessen für alles, was du von anderen bekommst, zu bezahlen.

Es ist genug da für alle!

Vielleicht verdirbt Geld den Charakter.
Auf keinen Fall aber macht Mangel an Geld ihn besser.

*John Steinbeck (1902-68), amerik. Schriftsteller*

**Religion – Kirche**

Stets habt ihr Gott gesucht,
aber niemals in euch selbst.
Er ist nirgends sonst.
Es gibt keinen anderen Gott, als der in euch ist.

*(Hermann Hesse, Betrachtungen)*

Im Rückblick empfinde ich es so, als ob ich meine halbe Kindheit und Jugend in der Kirche verbracht hätte. Das stimmt natürlich nicht, aber ich wurde in einer katholischen, bayrischen Familie erzogen und damals gehörte der sonntägliche Kirchgang zum ganz normalen Ablauf einer Woche.

Meine frühesten Kindheitserinnerungen sind die, dass mein leiblicher Vater uns am Sonntag in die Kirche mitgenommen hat und anschließend mit uns zum Frühschoppen ging.

Wahrscheinlich hat meine Mutter uns mitgeschickt, weil sie hoffte, wenn mein älterer Bruder und ich dabei wären, würde das meinen Vater davon abhalten anschließend in die Kneipe zu gehen um zu trinken und Karten zu spielen.

Diese Hoffnung hat sich nicht erfüllt.

Kurz vor dem Tod meines leiblichen Vaters sind wir von der Stadt zu meinen Großeltern aufs Land gezogen.

In diesem kleinen Dorf war es natürlich erst recht wichtig, dass man regelmäßig zum Gottesdienst geht. Es wurde sehr genau geschaut, wer da war und wer nicht.

Zu meinem Leidwesen war unser Pfarrer auch gleichzeitig unser Religionslehrer.

In der Kirche wurde damals noch nach Geschlechtern und Alter getrennt. Links saßen die Frauen, rechts die Männer, vorne in den ersten Bänken die Kinder, ganz hinten die Alten. Der Pfarrer hatte uns Kinder also von der Kanzel aus genau im Blick und unsere Eltern, beziehungsweise Großeltern beobachteten uns von hinten.

Stillsitzen und ruhig sein, war aber sehr schwer, und wenn wir dabei erwischt wurden, dass wir tratschten, gab es spätestens in der Schule Ärger mit dem Pfarrer. Man musste dann Strafarbeiten schreiben.

Wer allerdings regelmäßig in die Kirche ging UND brav war, wurde mit einem »Fleiß-Bildchen« belohnt.

Meine Geschwister und ich hatten es die ersten Jahre nicht einfach mit unserem Pfarrer.

Erstens hatte sich mein Vater selbst ermordet, was in der katholischen Kirche eine Sünde ist. Dann hatte sich meine Mutter auch noch erdreistet wieder zu heiraten.

Das allein wäre vielleicht noch gar nicht so schlimm gewesen, aber sie hatte einen Mann geheiratet, der geschieden war! Dementsprechend hat unser Pfarrer dies sehr verurteilt und die Heirat nie anerkannt. Das ging so weit, dass er sich geweigert hat, meiner Mutter die Kommunion abzunehmen.

Auch als mein Vater meine drei Geschwister und mich adoptiert hat, erkannte das der Pfarrer niemals an. Er hat sich sogar immer geweigert, unseren »neuen« Familiennamen anzuerkennen. Obwohl wir nach der Adoption den Namen »Ruf« führen durften, nannte er uns nach unserem Geburtsnamen »Eichner«.

Das ist übrigens vielleicht mit ein Grund, warum ich nach meinen Hochzeiten meinen Mädchennamen beibehalten habe. Ich wollte meinen guten »RUF« nicht wieder hergeben, nachdem wir so um ihn gekämpft hatten!

Später wurde bei uns im Ort die Kolpingjugend gegründet. Ich war dort als Jugendgruppenleiterin und im Vorstand sehr aktiv. Zu einem katholischen Jugendverein gehört es selbstverständlich, dass man sich mit Glauben und Religion auseinandersetzt, und ich glaube, dass diese Zeit mich sehr in meinem Glauben geprägt hat.

Ich war damals Lektorin in der Kirche. Das heißt, ich habe regelmäßig Fürbitten und die Lesung gehalten und mir sogar mal überlegt Gemeindereferentin zu werden. Als Jugendgruppenleiterin gehörte es auch dazu, gemeinsam mit den Jugendlichen Gottesdienste zu gestalten.

Gleichzeitig machte ich die Ausbildung zur Kindergärtnerin in einer Klosterschule, die von Nonnen geführt wurde. Auch in dieser Ausbildung nahm die Kirche, der Glaube daran, einen großen Stellenwert ein.

Ich bezeichnete mich also als sehr gläubig. Aber ich verwechselte damals die Kirchenzugehörigkeit mit Gläubigkeit, frei nach Albert

Schweitzer: »Wer glaubt, ein Christ zu sein, weil er die Kirche besucht, irrt sich. Man wird ja auch kein Auto, wenn man in eine Garage geht.«

Später arbeitete ich als Kindergärtnerin in einem katholischen Kinderhort in Augsburg.

In dieser Zeit zog ich mit meinem damaligen Freund in meine erste eigene Wohnung. Wir hatten sehr wohl vor, irgendwann zu heiraten, aber fühlten uns mit 19 und 22 Jahren dafür noch viel zu jung. Eines Tages rief mich mein damaliger Chef, der Pfarrer, zu sich und legte mir nahe zu heiraten, denn er könnte nicht akzeptieren dass wir in »wilder« Ehe zusammenlebten.

Das war für mich der Zeitpunkt, meine Kündigung auf den Tisch zu legen. Ich hatte damals bereits eine andere Stelle in Aussicht und wollte mich nicht auf diesen Deal einlassen. Ich sah absolut keine Sünde darin, mit einem Mann ohne Trauschein zusammenzuleben.

Obwohl meine Heimatgemeinde nichts damit zu tun hatte, hörte ich als Jugendgruppenleiterin auf und wollte mit der katholischen Kirche nichts mehr zu tun haben.

Einige Jahre später wurde mein Glaube an die katholische Kirche erneut sehr tief erschüttert. Meine Schwester hatte mittlerweile ein Kind und wollte den Vater des Kindes heiraten. Sie mussten ein sogenanntes Eheseminar besuchen, in diesem Seminar wurde sie aufgefordert, zur Beichte zu gehen und zu beichten, dass sie ein uneheliches Kind hatten.

Wohlgemerkt, das war nicht im Mittelalter, sondern 1990!

Gott hatte ihnen sein solch großes Geschenk gemacht, ihnen ein wundervolles, kleines Wesen anvertraut und sie sollten es beichten?!?

Das ging in meinen Augen gar nicht!

Obwohl es mich selbst nicht betraf, war dies für mich der Tropfen, der das Fass zum Überlaufen brachte.

Ich wendete mich ab! Wollte mit dieser Organisation nichts zu tun haben, bezeichnete mich sogar als Atheistin.

Dann machte ich die ersten esoterischen Erfahrungen.

Ich hatte mittlerweile zur Vermögensberaterin umgeschult. Zu unserer Ausbildung gehörten bereits damals Ende der Achtziger, Anfang der Neunziger Jahre, sogenannte Persönlichkeitsseminare. Ich durfte damals Kurse von Erhard F. Freitag, Kurt Tepperwein und Nikolaus Enkelmann besuchen.

Hierbei ging es hauptsächlich um die Kraft des Unterbewusstseins, Selbstbewusstsein und den Glauben an sich selbst

Damals erkannte ich, dass es sehr wohl zwischen Himmel und Erde mehr gab, als das, was wir mit unserem begrenzten Verstand fassen können.

Ich setzte mich sehr mit mir auseinander, lernte positiv zu denken und mich anzunehmen, wie ich bin.

Nun begann ich langsam zu verstehen, dass der Glaube nichts mit Kirche zu tun hat. Manchen Menschen fällt es aber leichter, an eine Organisation wie die Kirche zu glauben.

Sie brauchen feste Regeln und jemanden, der ihnen sagt, was sie zu tun und zu lassen haben.

Aber wenn es einen Glauben gibt, der Berge versetzen kann, so ist es der Glaube an die eigene Kraft.

Alles, was hier auf der Erde existiert, wurde irgendwann gedacht und geglaubt. Wenn sich niemals ein Mensch vorgestellt und dran geglaubt hätte, dass man mit Strom Licht erzeugen kann, würden wir heute noch mit Kerzenlicht leben. Wenn sich niemals ein Mensch vorgestellt und dran geglaubt hätte, dass es durch die elektrische Übertragung von Zeichen möglich ist zu telefonieren, gäbe es heute weder Telefon noch Internet.

So könnte ich noch viele Beispiele aufzählen.

Alles, was gedacht wurde, existiert!

Also heißt das im Umkehrschluss für mich, wenn ich mir vorstellen kann, dass es einen Gott und das Universum gibt, dann ist das letztendlich auch Realität.

Und ich kann mir vorstellen, dass wir alle Gottes Kinder sind, nach dem Ebenbild Gottes gemacht sind.

Wenn man sich unsere Körper und deren Funktion mal ansieht, ist das ein Wunder. Wir sind so fantastisch gemacht, die gesamte Natur ist so fantastisch gemacht, da MUSS ein göttlicher Plan dahinterstecken. Ich kann mir NICHT vorstellen, dass sich dies alles einfach so im Laufe der Evolution entwickelt hat.

Ich glaube immer noch nicht an die Kirche. Die Kirche haben wir Menschen erfunden und deswegen ist sie »fehlerhaft«, eine Idee - hätte Gott die Kirche erfunden, wäre sie fehlerlos!

Überall dort, wo wir Menschen Gott ins Handwerk pfuschen, geschehen Katastrophen, bekriegen sich die Menschen, bestehlen, belügen und verletzen sie sich gegenseitig.

Gebete ändern die Welt nicht. Aber Gebete ändern die Menschen. Und die Menschen verändern die Welt.

*Albert Schweitzer*

Für DICH:

Erkenne dass DU selbst mit deinen Gedanken, deinem Glauben an dich selbst verantwortlich für deine Gegenwart und deine Zukunft bist. Du bist genauso fantastisch, wie all das andere, das Gott erschaffen hat.

Du bist ein Geschöpf Gottes, ein Teil Gottes, du bist Gott, wir alle sind Gott und somit Schöpfer unserer Wirklichkeit.

## Selbstbestimmung – Selbstständigkeit

Selbstbestimmung, Selbstregierung, Selbstführung sind die Grundbedingungen des modernen Lebens. – Je freier die Berufsart, umso stetiger bedarf es in ihr der Disziplin seiner selbst.

*Berthold Auerbach (1812 - 1882), eigentlich Moses Baruch Auerbacher, deutscher liberaler Kulturpolitiker und Schriftsteller*

Ich hatte kürzlich eine Diskussion darüber, dass es Frauen in unserer Zeit sehr schwer haben, Beruf und Familie unter einen Hut zu bekommen.

Die These des Bekannten, mit dem ich diese Diskussion führte, war, dass wir Frauen gerne auch zuhause bei den Kindern bleiben würden, wenn der Staat uns die Möglichkeit dazu gäbe. Aber da die Ehe heute keine »Sicherheit« mehr bietet, müssten Frauen arbeiten.

Nun kann ich natürlich nur für mich sprechen und ich habe keine Kinder. Wenn ich Kinder gehabt hätte, wäre ich sicherlich (außer vielleicht in den ersten ein oder zwei Jahren) niemals auf die Idee gekommen, ganz zuhause zu bleiben.

Und das hat sicherlich nichts mit Existenzängsten zu tun, sondern eher damit, dass mir das Hausfrauendasein viel zu langweilig wäre. Nur auf Haushalt und Kinder reduziert werden? Nein, nichts für mich.

Ich war immer berufstätig und werde es sicherlich auch immer bleiben. Sobald ich wieder – im wahrsten Sinne des Wortes – auf die Füße komme, werde ich wieder arbeiten. Was ich dann machen werde, werden wir sehen.

ABER – ich konnte und kann mir nicht vorstellen, irgendwo angestellt zu sein.

Dann würde ich meine Unabhängigkeit und Selbstbestimmung verlieren.

Anscheinend liegt das Streben nach Unabhängigkeit bei uns in der Familie. Sowohl mein leiblicher Vater, wie auch all seine Geschwister waren selbstständige Unternehmer. Meine Schwester ist seit mehr als 20 Jahren selbstständig, mein Bruder Franz war genau wie ich nach seiner Ausbildung nie wieder angestellt. Auch mein Bruder Michael war viele Jahre als Musiker selbstständig.

Mir wäre es viel zu eng und mir würde die Luft zum Atmen fehlen, wenn ich angestellt wäre.

Ich kann mich noch gut erinnern an die Zeit, in der ich meinen Beruf als Kindergärtnerin ausgeübt habe. Mir hat der Job sehr viel Spaß gemacht und trotzdem habe ich mich nicht wohl gefühlt – ich war nicht meine eigene Chefin und musste mich an die »Anordnungen« und »Weisungen« Anderer halten.

Eines Tages dachte ich beim Aufstehen morgens darüber nach, ob es das sein kann! Jeden Morgen aufstehen um dann acht Stunden im Kindergarten zu arbeiten für wenig Anerkennung und noch weniger Geld!?

Nein, das konnte es nicht sein! Ich fasste den Entschluss, mein Leben anders zu gestalten. Kurze Zeit darauf fing ich bei der Deutsche Vermögensberatung an. Ich machte mich das erste Mal selbstständig. Nun konnte ich offiziell tun und lassen was ich wollte. Aufstehen wann ich wollte – arbeiten oder auch nicht – letztendlich wurde ich nach dem entlohnt, was ich verdiente.

Wenn ich viel arbeitete, verdiente ich auch viel – wenn ich nicht arbeitete, verdiente ich nichts. DAS fand ich gerecht.

Nach sieben Jahren in diesem Job musste ich erkennen, dass diese Art der Selbstständigkeit eine Pseudoselbstständigkeit war.

Ja, offiziell war ich selbstständig. Aber im Grunde wurde mir auch dort alles vorgeschrieben. Es gab Verkaufsleitfäden, in denen einem sogar vorgeschrieben wurde, was man zu sagen hatte.

Es gab regelmäßige Meetings, Schulungen und Seminare, zu denen man gehen musste. Auch der Umsatz wurde mehr oder weniger kontrolliert und eingefordert. Viel Umsatz und man war jemand – wenig Umsatz und man war der Loser.

In dieser Zeit habe ich sehr viel gelernt – sei es verkaufen, präsentieren oder unterrichten. Ein Rüstzeug, welches für mein weiteres Leben sehr entscheidend war. Dennoch war es nach diesen »Lehrjahren« Zeit, etwas Neues zu machen, mir machte dieser Job keinen Spaß mehr, nachdem ich endlich erkannt hatte, wie oberflächlich die Finanzbranche ist.

Ich hörte also ziemlich abrupt bei der Deutschen Vermögensberatung auf und sah mich nach einem anderen Job um.

Allerdings kam ich gar nicht auf die Idee, mich irgendwo anstellen zu lassen. Ich suchte nach einer anderen Möglichkeit Geld zu verdienen – aber auf selbstständiger, selbstbestimmter Basis.

So habe ich eine Zeit als Handelsvertreterin Kindergärten besucht und Bastelmaterial verkauft. Diese Tätigkeit war für mich als ehemalige Kindergärtnerin natürlich ideal und hat mir anfangs sehr viel Spaß gemacht. Allerdings war es ein reiner Außendienst-Job mit einem recht großen Vertriebsgebiet und ich musste enorme Strecken zurücklegen. Das war gerade im Winter sehr anstrengend und ebenfalls auf Dauer nichts für mich. Wir wollten damals anfangen zu bauen und waren mitten in der Familienplanung. Dieser Job war wegen der Fahrerei nicht mit meinem Kinderwunsch zu vereinbaren.

Dann habe ich durch »Zufall« über meine Freundin C. im Telefonverkauf angefangen und recht erfolgreich Arzt und Laborbedarf verkauft. Erst jetzt wurde mir bewusst, dass ich vorher zwar freiberuflich gearbeitet habe, aber im Grunde immer für andere etwas aufgebaut hatte. Als Handelsvertreterin habe ich immer auf eigene Rechnung gearbeitet, musste mich selbst versichern, mein Geld selbst versteuern usw., aber ich war immer nur auf dem Papier selbstständig.

Mir wurde sogar vorgeschrieben, wie meine Visitenkarten auszusehen hatten – bezahlen durfte ich sie aber selbst.

Das konnte es auch nicht sein!

Nach der Trennung und dem Umzug ins Rheinland zu meinem jetzigen Mann gründete ich meine Internetagentur – ich wurde das erste Mal zur »richtigen« Unternehmerin.

Nun durfte ich bestimmen – aber ich durfte auch Verantwortung übernehmen.

Ich entwickelte meine eigenen Visitenkarten, Geschäftspapiere, Projektpläne, führte Vorstellungs-, Einstellungs-, Verkaufs- und Mitarbeitergespräche. Ich hatte meistens einen 12-Stunden-Tag und eine 7–Tage-Woche, aber ich war glücklich.

Ich war endlich wirklich selbst-ständig! Dies machte ich zehn Jahre lang, dann wurde mein Gesundheitszustand aber immer schlechter. Es wurde mühsam, zu Kunden zu fahren und es begann mir keinen Spaß mehr zu machen.

Der Umzug in die Schweiz bot mir die Gelegenheit, die Firma nach und nach aufzulösen. Nun geht es mir körperlich aber wieder gut und seit geraumer Zeit denke ich darüber nach, was ich machen könnte, um wieder selbstständig zu sein. Ich möchte wieder etwas machen, etwas schaffen, auf das ich stolz sein kann. Ich kann mir nicht vorstellen nur zuhause zu sein, meinen Hobbys zu frönen und das Geld, welches mein Mann verdient, auszugeben. Dementsprechend habe ich gerade sehr viele Ideen, die mich umtreiben. Da stricken mein Hobby ist und mich vor der Depression bewahrt hat, glaube ich, dass letztendlich das ein Talent ist, das man nutzen sollte.

Ich habe mittlerweile meine ersten Designs entworfen, die Strickanleitungen erstellt und werde künftig diese auf einer oder mehreren Internetplattformen zum Verkauf anbieten. Ob daraus ein Business wird, weiß ich noch nicht, aber ich glaube ich bin auf dem besten Weg dorthin.

Wenn nichts daraus wird, auch nicht schlimm! Ich habe jeden Tag wieder Ideen, was frau alles machen könnte.

Richtig schlimm wäre es, wenn ich keine Ideen mehr hätte, denn das würde für mich bedeuten, dass ich mich selbst aufgegeben habe.

Für DICH:

Freie Selbstbestimmung ist das königliche Vorrecht des Geistes.

Friedrich Paulsen (1846 - 1908), deutscher Pädagoge und Philosoph

## Familie

Familie –
kostbarstes Kleinod
auf dieser Erde,
rettender, schützender
Hafen auch.
Im Glück
wirst du in ihr
geborgen sein,
im Unglück
bist du nicht allein.
Familie zieht
den schützenden Kreis.
Wohl dem,
der sich in ihr
geborgen weiß.

*© Dr. Carl Peter Fröhling (*1933), deutscher Germanist, Philosoph und Aphoristiker*

Heutzutage beginnt eine Großfamilie bereits bei drei Kindern. Früher waren Familien mit fünf, sechs oder mehr Kindern keine Seltenheit. Mein leiblicher Vater hatte drei Schwestern, mein Adoptivvater hatte sieben Geschwister.

In der Generation meiner Eltern war es durchaus normal, viele Kinder zu haben, schließlich gab es noch keine Pille.

Es spielte auch keine Rolle, ob Geld da war oder nicht, es gab den Spruch: »Wo ein Kind satt wird, werden auch zwei, drei oder mehr Kinder satt.«

Für die Mütter war es normal zuhause bei den Kindern zu bleiben. Eine Ausnahme bildete meine Mutter als Einzelkind. Sie hat sich immer Geschwister und eine große Familie gewünscht. Als lang ersehntes Einzelkind wurde sie von ihren Eltern ihr ganzes Lebens lang vergöttert und sehr geliebt. Aber der gesamte Fokus lag natürlich auf ihr.

Das war wahrscheinlich mit ein Grund, warum sie schon sehr früh eigene Kinder bekam und selbst ihre Großfamilie gründete.

Ich selbst habe eine Schwester, zwei Brüder und eine Stiefschwester. Als mein leiblicher Vater noch lebte, wohnten wir in einem großen Familienverbund in einem Stadtteil von Augsburg zusammen. Wir hatten ein eigenes Haus mit der Werkstatt meines Vaters. Im Erdgeschoss des Nachbarhauses wohnte meine Tante Anni mit Mann und drei Kindern, im ersten Stock wohnten meine Großeltern väterlicherseits und im Dachgeschoss meine damals noch ledige Tante Mari. Auch meine Tante Centa wohnte mit ihren drei Kindern nur einige Straßen weiter und so kam es, dass wir immer von vielen Menschen umgeben waren.

Kurz vor meiner Einschulung zogen wir zu den Eltern meiner Mutter aufs Land. Meine Uroma war gestorben und im damals neu gebauten Haus meiner Großeltern wurde eine Wohnung frei. Da sie ihre einzige Tochter gerne näher bei sich hatten, wurde beschlossen, dass wir dorthin zogen.

Wir wohnten also in unserer eigenen Wohnung im Erdgeschoss und meine Großeltern lebten ein Stockwerk höher. Unser Haus lag am Waldrand, unser einziger Nachbar war der Reitstall. Jetzt waren wir in einem, wie man heutzutage sagt, Mehrgenerationenhaus untergebracht. Das Leben in einer Großfamilie war für uns, gerade weil kurz darauf mein leiblicher Vater starb, ein Segen.

Mein Großvater hat meiner Mutter einen Job vermittelt und meine Mutter konnte wieder arbeiten gehen. Oma war sowieso zuhause, mein Bruder Michael ging in die Sehbehindertenschule und kam erst abends gemeinsam mit meiner Mutter nach Hause. Meine beiden kleineren Geschwister waren im Kindergarten. Nur ich kam am Mittag von der ersten Klasse nach Hause und dann war Oma da. Sie machte mit mir Hausaufgaben und kümmerte sich um mich. Im Rückblick muss ich sagen, das erste Schuljahr war für mich eines der schlimmsten Jahre meines Lebens.

Wir zogen weg von der geliebten Familie meines Vaters, kurz darauf wurde ich eingeschult. Einige Wochen später starb mein Vater. Sechs Wochen nach ihm starb mein Großvater väterlicherseits. Meine Mutter, an der ich sehr hing, ging plötzlich arbeiten und war nicht mehr verfügbar und ich musste bei Oma bleiben.

Nun muss ich vielleicht erwähnen, dass ich meine Oma zwar sehr geliebt habe, aber als Kind nicht gut mit ihr auskam. Vielleicht lag das daran, dass wir uns sehr ähnlich waren. Zumindest behaupteten das meine Eltern und Geschwister. Heute fasse ich das als Kompliment auf. Meine Großmutter war eine sehr starke Frau. Sie stand immer mit beiden Beinen fest auf der Erde und war bis zu ihrem Tod 2011 das »Familienoberhaupt«. Wir nannten sie unter uns oft »Queen-Mom«.

Oma konnte sehr herrisch und dominant sein und damit konnte ich als Kind nicht umgehen.

Ich empfand es immer als großes Privileg eine große Familie zu haben.

Es war bei uns immer etwas los, wir genügten uns meist selbst und brauchten nicht unbedingt viele Freunde.

Wir waren vier Kinder, alle jeweils nur ein Jahr auseinander, und hatten praktisch immer jemanden zum Spielen und Toben. Außerdem war da dann schon bald mein Adoptivvater. Das größte Kind! Mit ihm hatten wir immer sehr viel Spaß. Mein Großvater war für uns auch eine wichtige Bezugsperson.

Er war Manager bei MAN in Augsburg. Wenn er von der Arbeit nach Hause kam, verschwand er erstmal für zwei bis drei Stunden im Wald. Das war seine Art abzuschalten. Gerne nahm er uns auch auf seine Spaziergänge mit. Von ihm haben wir gelernt, die Spuren der Tiere zu unterscheiden. Er erklärte uns die Botanik, Flora und Fauna. Mein Großvater war ein sehr charismatischer, emphatischer Mann, von dem man sehr viel lernen konnte. Leider ist er kurz nach seiner Pensionierung recht qualvoll an Lungenkrebs gestorben. In unserer Familie ist er aber immer noch sehr präsent, da er in unseren Erinnerungen weiterlebt. Wir hatten, von allen Schicksalsschlägen abgesehen, eine wunderschöne Kindheit und eine sehr glückliche Familie. Mir wurde viele Jahre später erst klar, dass diese Schicksalsschläge für uns alle in gewisser Weise ein Trauma waren. Es ist, in meinen Augen verwunderlich, dass wir diese Blessuren alle miteinander so gut überstanden haben. Ich glaube, unser Schicksal hat uns enger miteinander verbunden, als das bei anderen Geschwistern der Fall ist.

Ich bin meinen Eltern und Großeltern sehr dankbar, denn sie haben ihr Bestes getan, um uns zu selbstbewussten, selbstständigen und starken Persönlichkeiten zu erziehen.

Das ist ihnen, glaube ich, bei uns allen sehr gut gelungen. Ich empfinde das, mit Blick auf andere Familien mit ähnlichen Schicksalsschlägen, als Meisterleistung!

Meine Familie war für mich sehr wichtig, als ich mich von meinem ersten Mann trennte. Alle waren für mich da, haben mir mit Rat und Tat zur Seite gestanden und mich seelisch und moralisch

unterstützt.
In erster Linie war meine Schwester Susi in dieser Zeit für mich da und stand mir seelisch und moralisch zur Seite.

Ich bin mir nicht sicher, ob ich die Trennung ohne diese Unterstützung durchgezogen hätte. Gerade in der ersten Zeit nach der Trennung fühlte ich mich in meiner Familie geborgen und behütet. Ich war nicht allein – ich hatte meine Eltern, meine Oma und meine Geschwister. Ich selbst wollte auch immer mindestens zwei Kinder, was leider nicht geklappt hat.

Im Nachhinein vielleicht gut so. Ich wäre konstitutionell gar nicht in der Lage, mich um kleine Kinder zu kümmern. Und das war ich auch mit 30 Jahren nicht – ich hätte mit meinen Kindern nicht viel unternehmen können.

Für mich ist eine eigene Familie das höchste Gut, das man haben kann. Freunde und Bekannte kommen und gehen, die Familie bleibt! Kein Geld dieser Welt kann eine Familie ersetzen.

Auch wenn ich sehr wenig Kontakt zu meinen Geschwistern und deren Familien habe, haben sie dennoch einen ganz festen Platz in meinem Herzen und das wird sich niemals ändern. Egal, was passiert, egal wie selten wir uns sehen, egal, wie groß manchmal die Differenzen sind, die wir manchmal miteinander haben. Jedes Familienmitglied ist mir sehr wichtig und lieb.

Für DICH:

Das ist es nämlich, was in meinen Augen eine Familie ausmachen sollte – die bedingungslose Liebe!

Egal, was der eine oder die andere macht oder sagt – er oder sie ist ein Teil von mir und ich werde ihn / sie als Person immer lieben!

<u>Ist die eigne Person in Ordnung, so kommt die Familie in Ordnung; ist die Familie in Ordnung, so kommt der Staat in Ordnung; ist der Staat in Ordnung, so kommt die Welt in Ordnung.</u>
*Lü Bu We*

## Teil 2

Die meisten Menschen, die ich in den letzten Jahren kennengelernt habe, sind auf der Suche. Sie gehen zu Hellsehern, Heilern, besuchen Kurse und kaufen sich diverse Hilfsmittel wie Essenzen, Tarotkarten und sonstige Glücksbringer. Sie suchen also immer im Außen, anstatt bei sich zu suchen.
Dort ist die Wahrheit!

Heute ist der 04.08.2015.

Mittlerweile wurde ich an beiden Knien operiert und habe wieder laufen gelernt.

Momentan bin ich noch mit Krücken unterwegs. Durch die große Gewichtsabnahme habe ich an den Beinen riesige Hautlappen, die mich beim Laufen aus der Balance bringen.

Das Lip-Lymphödem ist noch vorhanden, aber sehr viel besser als früher. Ich brauche keinerlei Medikamente mehr und bin ansonsten gesund.

Seit Februar 2015 habe ich meinen eigenen Wolle-Laden mitten in Schwyz und gerade kommen wir von unserer ersten Fernreise zurück. Wir waren in den USA und auf Hawaii.

Nun ist es höchste Zeit, die letzten Kapitel dieses Buches zu schreiben und zu berichten. Mein Mann und ich durften in den letzten Jahren viele Dinge erleben, die in den Augen unserer Familien und Freunde Wunder sind.

Aber es sind keine Wunder – wir haben erkannt, dass wir selbst Schöpfer unseres Lebens sind und unser Leben dementsprechend verändern können.

## Glaube – Spirit

Wir sind spirituelle Wesen, die eine
menschliche Erfahrung machen
und nicht menschliche Wesen,
die eine spirituelle Erfahrung machen.“

*(Pierre Teilhard de Chardin)*

Schon Aristoteles sagte: „Wenn auf der Erde die Liebe herrschte, wären alle Gesetze entbehrlich.“

**Und warum ist das nicht so?**
Es wäre so einfach - ich werde es nie verstehen, warum wir uns gegenseitig vernichten, anstatt uns anzunehmen und zu lieben wie wir sind!

Vor einiger Zeit habe ich etwas provokativ diese Frage in Facebook gestellt und daraufhin eine Diskussion aufgeworfen. Eine Bekannte von mir hat mir sogar Bibelzitate geschickt, um mir zu erklären, dass die Menschen von Natur aus böse, neidisch und ungerecht sind. Ich habe ihr dazu Folgendes geschrieben:

Ich für mich habe die Antwort darauf längst gefunden!

Ich bin im Gegensatz zu Dir der Meinung, dass im Grunde genommen jede Religion, jede Glaubensrichtung das Gleiche aussagen will: Gott ist Liebe, wir sind Liebe, wir sind Teil Gottes.

Jede Glaubensrichtung will aber möglichst viele Menschen an sich binden und sieht sich selbst als die »einzig wahre Richtung« – meine Meinung – und arbeitet deswegen mit Geboten und Verboten, mit einem strafenden /rächenden Gott und / oder Satan.

Es gibt dabei meist nur schwarz und weiß, gut und schlecht, Liebe und Hass – die vielen Stufen dazwischen werden in den Religionen nicht gesehen – und, wie man momentan sehr gut bei ISIS sehen kann, auch nicht toleriert.

Ich persönlich möchte mir diese Fesseln einer Glaubensgemeinschaft nicht anlegen, ich hole mir aus jeder Richtung, das was für mich stimmig ist.

Ich weiß, wir sind alle eine Einheit und letztendlich Liebe und Licht – alles andere haben wir Menschen selbst erschaffen und das hat mit Gott (oder Jehova, Mohammed, Buddha – egal, wie Du ihn nennst) nichts zu tun.

Gott ist ein liebender Gott.

Er gibt uns das Recht unser Leben selbst zu gestalten – ob in Liebe, Freude, Miteinander oder in Hass, Leid und Gegeneinander – unsere Entscheidung – wir haben jeden Tag aufs Neue die Wahl frei zu entscheiden.

GOTT SEI DANK!

Vor einigen Wochen waren wir auf Hawaii im Urlaub. Dort haben wir unter anderem auf Oahu den »Valley of the Temples« besucht. Das ist eine Gedenkstätte, ein Friedhof für die verschiedenen Religionen auf Hawaii.

Sehr beeindruckend, denn es ist eine ganz andere Atmosphäre dort als in einem Friedhof, wie wir ihn kennen. Irgendwie fröhlicher, hoffnungsvoller und liebevoller. Der »Park« lädt direkt ein, dort zu bleiben, sich wohl zu fühlen, zu SEIN! Und das nutzen die Menschen auch – sie setzen sich mitten unter den Gräbern auf den Boden und picknicken – sozusagen »die Lebenden mitten unter den Toten.«

Wir fanden das sehr bewegend und für mich persönlich war DAS eines der Highlights auf dieser Insel – ich wünschte mir, auch bei uns würden die verschiedenen Religionen so nebeneinander existieren.

Letztendlich sind wir alle EINS und bestehen aus Energie.

## Erinnerungen

Die Wirkung, die der Mensch ausübt, ist der einzige Beweis, dass er lebt. Solange noch eine klägliche Erinnerung bleibt, ist der Mensch noch nicht tot.

*John Steinbeck*

Ich denke, gerade im Alter machen unsere Erinnerungen das Leben lebenswert. Man kann das bei vielen alten Leuten beobachten – sie blättern in alten Familienalben und schwelgen in Erinnerungen. Dann fühlen sie sich gleich wieder zurückversetzt in die Zeit, als die Kinder noch klein waren oder erinnern sich an die eigene Kindheit.

Neulich habe ich mir von meiner 92jährigen Schwiegermutter erzählen lassen, wie sie mit einem gefälschten Pass nach dem Krieg aus Polen geflüchtet ist. Während sie erzählte, leuchteten ihre Augen und sie war glücklich und stolz. Dann erzählte sie von der Zeit, als mein Mann noch klein war, und ich hatte das Gefühl, dass sie, während sie erzählte, um Jahre jünger wurde.

Meine Oma ist Zeit ihres Lebens sehr viel gereist und hat sich die Welt angesehen. Dann kam irgendwann die Zeit, als sie nicht mehr reisen konnte. Aber sie sagte immer, sie hätte ja die Erinnerung an ihre Reisen und es sei ihrer Meinung nach sehr wichtig, solche positiven – vielleicht im Nachblick auch geschönten – Erinnerungen zu haben. Sie plädierte in ihren letzten Jahren sehr dafür, dass wir »Jungen« unser Leben jetzt genießen und nichts aufschieben sollten. Wer weiß schon, ob und wie man das später erlebt.

Während ich das schreibe, merke ich, dass ich mich nun gerade auch erinnere. Erinnerungen an meine Großmutter, an meine Kindheit und Jugend.

Erlebnisse, die ich mit meiner Oma hatte – in meiner Erinnerung ist Oma sehr präsent. Sie ist immer noch hier – ihre Energie ist hier und ich kann sie fast körperlich spüren.

Und ich glaube, so lange wir uns erinnern, solange ist die Person nur physisch gestorben – sie lebt in der Erinnerung weiter. Erst wenn wir uns nicht mehr erinnern, ist diese Energie wirklich weg.

Vor einiger Zeit haben wir einen eindrücklichen Film (Still Alice) über Alzheimer gesehen.

Ein Statement der Erkrankten war, dass sie für die wenigen Erinnerungen die ihr bleiben, leben würde.

Als ich diesen Film sah, habe ich mir überlegt, wie wertvoll Tagebücher sind. Man kann alles nachlesen, wenn man eine Tages nicht mehr in der Lage sein sollte, sich zu erinnern.

Ich habe in der ganzen Zeit, in der ich bettlägerig und ein Pflegefall war, Tagebuch geführt. Nicht nur im Internet habe ich in meinen Blog »Brücke zum Licht« alles dokumentiert.

Meine geheimsten Gedanken, Wünsche, Ängste und Sorgen habe ich in meinem »Engelbuch« festgehalten. Mittlerweile geht es mir gesundheitlich wieder relativ gut. Und doch gibt es Tage, an denen ich unzufrieden und ungeduldig mit mir bin. An diesen Tagen hilft es mir sehr in meinem Blog oder meinem Tagebuch zu lesen und mich zu erinnern. Mir wird oft erst dann wieder bewusst, was ich schon alles erreicht habe. Manchmal muss auch ich mir in Erinnerung rufen, dass ich Schöpfer meines Lebens bin und alles erreichen kann, was ich will.

Obwohl wir in der Gegenwart leben sollten, leben wir auch durch unsere Erinnerungen, denn...

<u>Erinnerungen sind wie viele Konserven, ein bisschen schön gefärbt und deshalb nicht ganz unschädlich.</u>

*Maurice Chevalier (1888-1972)*

FÜR DICH:

Halte deine Erinnerungen fest und schreibe Tagebuch.

Das tut dir nicht nur gut, um die alltäglichen Begebenheiten aufzuarbeiten – nein, es könnte dir und deinen Nachkommen eines Tages helfen, dich zu erinnern.

**Verlust – Trauer**

Hiob teilte die Verluste des Lebens in drei Teile: zuerst Verlust der Güter; als zweitschwersten Verlust den der Angehörigen, und als härtestes Leid sah er den Verlust der Gesundheit an.

© *Anke Maggauer-Kirsche (*1948)*

In meinem Leben wurde ich schon sehr oft mit Verlust konfrontiert.
Verlust von Gütern durfte ich als kleines Kind erleben, als wir kurz vor dem Tod meines Vaters von unserem eigenen Haus in der Stadt zu meinen Großeltern aufs Land zogen.

Später als ich mich von meinem ersten Mann getrennt habe, durfte ich ebenfalls erleben wie es ist auf materielle Dinge verzichten zu müssen.
Wir mussten unser neu gebautes Haus verkaufen und ich stand finanziell schlechter da als am Beginn unserer Beziehung.

Das Alles hat bei mir dazu geführt, dass mir eines Teils materielle Dinge schon wichtig sind, da sie das Leben ungemein erleichtern. Aber ich hänge mein Herz nicht mehr daran.
Ein Auto, eine Wohnung oder ein eigenes Haus kann man sich immer wieder erarbeiten - ich kann mittlerweile ohne große Schmerzen abgeben und empfinde keine (oder wenig) Trauer darüber.

Auch Angehörige habe ich schon sehr viele verloren. Angefangen bei meinem Vater, meinen Großeltern, zahlreichen Verwandten und Bekannten bis hin zu meinen ungeborenen Kindern.

Heute kann ich besser mit dieser Art von Verlust und Trauer umgehen als früher. Das hat sicherlich damit zu tun, dass mir heute bewusst ist, dass Alles was auf dieser Erde existiert - also auch wir Menschen - letztendlich aus reiner Energie besteht.

FÜR DICH:

Energie kann nicht verloren gehen, sie verändert lediglich ihre Struktur und letztendlich bleibt sie uns erhalten.

## Zufall – Schicksal

„Unser Schicksal kommt aus unserem Innern und deshalb gibt es keinen Zufall im Leben."

*Paul Ernst*

Diesem Zitat kann ich nur zustimmen.

So bin ich mir ganz sicher, dass mein Mann und ich uns nicht »zufällig« kennengelernt haben. Wir sind auch (wie in anderen Kapiteln erzählt) nicht zufällig in der Schweiz gelandet.

Ich kann mich noch gut erinnern, dass mein Mann damals bereits zu mir sagte, er sei der festen Überzeugung, dass wir in die Schweiz ziehen würden, weil ich dort – er wisse nicht, wie – wieder ganz gesund werden würde. Und genau so kam es dann letztendlich ja auch.

Im November 2013 haben wir mal wieder eine Absage bezüglich einer Knieoperation bekommen. Nachdem ich ein halbes Jahr auf einen Termin in der Uniklinik gewartet hatte, geschah Folgendes – ich kopiere aus meinem Blog www.Bruecke-zum-licht.com:

»Das Gespräch fing damit an, dass uns der Arzt ein weiteres Mal bestätigte, dass die OP sehr riskant sei. Er hätte Bedenken wegen meines hohen Gewichtes – wobei er natürlich anerkennen würde, dass ich sehr viel abgenommen hätte, aber meine Knie sind halt nach wie vor (durch die Ödeme bedingt!) sehr dick und da wird es gar nicht einfach, überhaupt das Knie zu »finden«.

Wir hielten dagegen, dass ich die ganzen sogenannten Wiederherstellungsoperationen (Entfernung der überschüssigen Hautlappen) noch vor mir hätte und ich dadurch auch noch mindestens 30 kg verlieren würde, also die Gefahr der Überlastung der Kniegelenke gar nicht gegeben sei – ich wäre sicherlich nicht die erste dicke Patientin und wir würden nicht verstehen, wo das Problem sei.

Nun hatten wir ihm den Ball zugespielt!

Er hatte neue Argumente!

Die bevorstehenden OPs seien der Grund, dass er mich jetzt nicht operieren würde! Ich soll erst die Haut wegmachen lassen, dann würde er mich operieren!

Wir dachten bis zu dem Augenblick (er hatte ja immer damit argumentiert), dass das Gewicht ausschlaggebend sei.

NEIN! Nun war das Argument, dass die Hautoperationen eine sehr große Gefahr für Keime wären und er dieses Risiko nicht eingehen will.

So große Weichteiloperationen würden sehr oft nach außen hin heilen, aber innerlich Bakterien streuen, die sich dann gern auf künstliche Gelenke setzen würden. Diese Art der Bakterien sei aber sehr schwer zu behandeln, da sie meist antibiotikaresistent seien.

Das Risiko sei ihm zu hoch, da ich auch nicht nur eine OP, sondern mindestens vier bis fünf solcher Operationen vor mir habe.

Natürlich versuchten wir ihm klarzumachen, dass es im Moment noch viel zu früh sei, die Haut zu entfernen.

Für gewöhnlich werden diese Eingriffe erst gemacht, wenn die Abnahme endgültig abgeschlossen und das Gewicht mindestens ein halbes Jahr stabil ist. Das dauert bei mir mindestens noch ein Jahr! Außerdem muss man für diese Operationen stehen können – die Chirurgen müssen sehen, wo sie die überflüssige Haut entfernen können und das dementsprechend anzeichnen.

Es ist auch nicht mit einer OP getan, sondern wie bereits geschrieben, sind es vier bis sechs Operationen, die sich über Jahre hinziehen.

Daraufhin meinte er nur, dann müssten die Kollegen eben mal umdenken und eine Möglichkeit finden, mich früher zu operieren – er würde mich auf keinen Fall vorher operieren.

Das war nicht die erste Absage dieser Art!

Doch dieser Arzt war der Schlimmste. Das Gespräch endete damit, dass er meinte, ich solle mich mit einem Leben im Rollstuhl abfinden. Im Rollstuhl hätte ich doch schon mehr Lebensqualität wie früher als Schwerstgewicht. Ich war geschockt. Nein! Rollstuhl war für mich keine Option – ich wollte wieder laufen und wusste genau, dass ich das schaffen würde. Ich brauchte aber dazu einen Arzt, der bereit war, mich zu operieren. Für mich stand außer Frage, dass die Operationen erfolgreich verlaufen würden. Die Ärzte trauten sich einfach an diese Operation nicht ran.

Sie versuchten mir klar zu machen, dass die Wahrscheinlichkeit von Komplikationen viel zu hoch sei.

Nach dieser letzten Absage setzten wir uns endlich damit auseinander, dass ich noch längere Zeit, wenn nicht für immer, auf den Rollstuhl angewiesen wäre.

Für uns stand also fest, dass ich nicht nur einen Rollstuhl, sondern dass wir auch ein behindertengerechtes Auto bräuchten.

Also wendeten wir uns an die Fachleute vom Paraplegiker-Zentrum in Nottwil, wo wir auch meinen Rollstuhl besorgt hatten.

Wir ließen uns eine Offerte für den Umbau unseres Autos machen, aber mussten feststellen dass uns das viel zu teuer käme.

Die Autospezialisten empfahlen uns, ein gebrauchtes, bereits umgebautes Auto zu kaufen. Letztendlich wäre das günstiger, als unser Auto umbauen zu lassen. Sie boten sich an, uns bei der Suche nach einem geeigneten Auto zu helfen, sagten aber gleich, dass das dauern würde, da solche Autos in der Schweiz nicht oft angeboten werden.

Dieses Angebot nahmen wir an und fuhren nach Hause. Zuhause angekommen, schaute ich selbst ins Internet und fand ein geeignetes Auto. Die Anzeige war schon etwas älter und ich ging eigentlich davon aus, dass das Auto längst verkauft war. Nichtsdestotrotz fragte ich per Mail bei der Verkäuferin an. Ich wusste weder, wo in der Schweiz das Auto stand, noch, was es kosten sollte.

Kaum hatte ich die Mail abgeschickt, rief die Verkäuferin an. Sie sagte mir, dass sie das Auto noch nicht verkauft hat, nannte mir den Preis, der genau ins Budget passte und sagte mir, dass das Auto gleich einige Kilometer weiter in Baar stehen würde. Wir liehen uns ein behindertengerechtes Auto aus und fuhren direkt hin, schauten uns das Auto an und einige Tage später – pünktlich zu Weihnachten – stand das Auto vor der Tür.

Obwohl also die Spezialisten sagten, dass es dauern würde, bis wir ein geeignetes Auto finden würden, hatten wir innerhalb einer Woche alle Formalitäten erledigt und ein behindertengerechtes Auto gekauft.

Das Auto hat uns gute Dienste geleistet und wir hatten dadurch sogar die Möglichkeit, im darauffolgenden Sommer nach Sardinien in Urlaub zu fahren.

Und heute – 1,5 Jahre später – haben wir das Auto zum selben Preis wieder verkauft. Wir brauchen es nicht mehr und es ist sicherlich wichtig für einen anderen behinderten Menschen. Aber wir hatten das sichere Gefühl, dass dieses Auto vorher an niemanden anders verkauft werden konnte – weil es eben für uns gedacht war und sozusagen nur auf uns gewartet hat.

Im Februar 2014 stellte ich mich noch einmal in der Tellklinik wegen meiner kaputten Knie vor. Ich war dort bereits im Sommer 2013 gewesen und hatte ebenfalls eine Absage bekommen. Damals mit der Begründung, dass das Spital Schwyz nicht die nötige Infrastruktur für eine solche Operation hätte. Wenn es Komplikationen gäbe, wäre es dort ein Problem, mich adäquat zu versorgen. Aber Dr. Orler sagte auch, dass ich mich nochmal an ihn wenden könne, wenn ich keinen anderen finden würde. Daran erinnerte ich ihn also im Februar 2014. Irgendwie konnte ich ihm verständlich machen, dass ich mein Leben zurückhaben wollte. Ich forderte ihn auf, mir so zu vertrauen, wie ich ihm vertrauen würde. Für mich stand außer Frage, dass die Operation erfolgreich sein würde. Das überzeugte ihn anscheinend und ich bekam den ersten Operationstermin und wurde im März 2014 am linken Knie und im September 2014 am rechten Knie operiert.

Sicher ist es kein Zufall, dass Dr. Orler mich letztendlich operiert hat – ich konnte keinen besseren Orthopäden in der Schweiz finden. Als ich mich das erste Mal bei ihm vorgestellt hatte, war er noch beim Spital angestellt und konnte nicht wirklich frei entscheiden. Als ich mich im Februar 2014 erneut vorgestellt habe, hatte er sich selbstständig gemacht und konnte selbst entscheiden. Er hat diese Herausforderung angenommen und ich bin ihm unendlich dankbar dafür.

Aber ich bin mir sicher, dass auch dieses Zusammentreffen der Ereignisse nicht einfach Zufall war.

Mittlerweile betreibe ich einen kleinen Wolle-Laden in Schwyz. Auch das ist sicher kein Zufall. Ich sage immer, der Laden hat mich gefunden, nicht ich ihn. Ich suchte gar nicht nach einem Laden.

Nachdem ich Ende September 2014 am zweiten Knie operiert wurde und noch mitten in der Erholungsphase war, erzählte mir eine weitläufige Bekannte, dass sie, wenn sie könnte, einen kleinen Wolle-Laden aufmachen würde. Sie wisse auch schon, wo, und beschrieb mir die Lage des Ladens. Neugierig, wie ich bin, überredete ich meinen Mann, am nächsten Tag dorthin zu fahren.

Wir sahen das leerstehende Ladenlokal und es war Liebe auf den ersten Blick. Ich musste den Laden einfach haben!

Aber wir wussten weder, wem der Laden gehörte, noch, ob er überhaupt zu vermieten war. Über die Gemeinde fand ich dann heraus, wer der Besitzer war, und ich vereinbarte einen Besichtigungstermin.

Nun muss ich vorher noch erzählen, dass einige Monate vorher eine Facebook-Freundin einen Laden in Deutschland eingerichtet und Bilder davon gepostet hatte.

Ich fand die Einrichtung im Landhausstil einfach nur klasse, habe mir die Fotos der Theke abgespeichert und habe zu meinem Mann gesagt, dass, falls ich mal einen Laden haben sollte, ich ihn so einrichten würde.

Nun besichtigten wir also dieses Ladenlokal, das bereits genau in diesem weißen Landhausstil ausgestattet war. Und genau an der richtigen Stelle war der Platz frei für »meine« Theke. Wir hatten beide den Eindruck, als ob der Laden in der Tat nur auf uns gewartet hätte. Allerdings zu einer Zeit, als wir beide eigentlich der Meinung waren, es sei noch zu früh.

Wir haben den Schritt trotzdem gewagt und ich glaube, dass es meiner Genesung sehr gut getan hat. Ich habe endlich wieder eine Aufgabe und komme wieder unter Menschen. Ich stehe im wahrsten Sinne des Wortes also wieder mitten im Leben und es macht mir unglaublich viel Spaß. Natürlich ist es auch anstrengend und vor allen Dingen gar nicht einfach, sich in Schwyz etwas aufzubauen. Natürlich kannte ich bei meiner Ladeneröffnung kaum jemanden bei uns im Ort. Das hat sich mittlerweile ziemlich geändert und ich freue mich jeden Tag wieder, wenn ich in meinen Laden fahren darf. Ja, ich schreibe »fahren«! Denn mittlerweile habe ich auch wieder ein Auto und bin in der Lage, selbst zu fahren. Ein weiteres »Wunder« in meinem Leben.

In meinem Leben hatte ich viele Schicksalsschläge, und wenn ich sie rückblickend betrachte, haben diese letztendlich dazu geführt, dass ich bin, wie ich bin.

Meiner Meinung nach folgt vieles, was uns in diesem irdischen Leben passiert, einem göttlichen Plan – wir werden geführt und können unserem Schicksal nicht ausweichen.

FÜR DICH:

Sei dir sicher, dass auch DU geführt wirst, und du wirst wundervolle Dinge erleben.

Nichts in deinem Leben geschieht zufällig!

Viele Ereignisse bergen in sich große Chancen für dich – du musst sie nur erkennen und deiner Intuition folgen. Wenn du mit deinem Herzen, deiner Seele verbunden bist, kannst auch DU dein Leben so steuern, wie du möchtest, und alles erreichen. Du hast es in der Hand, dein Leben zu ändern!

**Bewunderung**

An nichts verzweifeln! – alles ist möglich; nichts ist ohne Hoffnung; aber auch nichts der Bewunderung wert.

*Johann Gottfried von Herder (1744 - 1803)*

Es gibt in meinen Augen zwei Arten von Bewunderung.

Eine Art ist die Verehrung, man könnte auch Anhimmeln sagen.

Man kann das oft bei Jugendlichen beobachten, die irgendwelche Fernsehstars oder Musiker vergöttern und zu ihren Helden machen.

Es ist oft eine ungesunde Art jemanden zu bewundern – man macht den Star zu seinem Gott, hinterfragt nicht, was er / sie wirklich macht oder wer er / sie wirklich ist, sondern stellt die Person auf einen Sockel.

Ich selbst war nie wirklich Fan eines Prominenten und habe nie die kreischenden Jugendlichen verstanden, die in Ohnmacht fallen, nur weil sie ihren Helden sehen.

Die andere Art der Bewunderung ist die Hochachtung, der Respekt wegen einer außergewöhnlichen Leistung, die eine Person erbracht hat. Ich finde, es ist ein großer Unterschied, ob ich jemanden ohne zu hinterfragen anhimmle – oder ob ich einen Menschen ob seiner Leistung bewundere.

Auch ich habe Hochachtung für einige Persönlichkeiten wegen ihrer Leistungen. Personen, deren Leistungen mir imponieren oder die ich (wenn man so will) bewundere, sind diverse Dichter, Schriftsteller, Philosophen und Musiker. Ich erzähle sicher nichts Neues, wenn ich hier Menschen wie Goethe, Schiller, Sokrates und Mozart aufzähle.

Ein unbekannteres Beispiel neuerer Zeit dafür ist Dr. Reinfried Pohl, den Gründer der DEUTSCHEN Vermögensberatung, den ich damals, als ich dort gearbeitet habe, kennenlernen durfte.

*Dr. Pohl entwickelte ein in Deutschland völlig unbekanntes Konzept, das er »Allfinanzangebot« nannte.*

*Auf Basis dieses Konzeptes baute er 1970 die erste Vermögensberatungsgesellschaft, die Bonnfinanz, auf.*

*Ebenfalls im Jahr 1970 führte er den Begriff »Vermögensberater« ein und prägte diesen während seiner gesamten weiteren beruflichen Laufbahn. Im Jahr 1973 gründete er den Bundesverband*

*Deutscher Vermögensberater (BDV), dessen Vorsitzender er bis zum Jahr 2009 war. Im Februar 1975 erwarb er die Kompass-Gesellschaft für Vermögensanlagen mbH in Frankfurt, die er zuerst in »Allgemeine Vermögensberatung«, später in »Deutsche Vermögensberatung« umbenannte.*
(Quelle: Wikipedia)

Dr. Reinfried Pohl war ein herausragender Unternehmer, der Außerordentliches geleistet hat, und dafür bewundere ich ihn.

Ich respektiere also seine Leistung – das heißt nicht, dass ich ihn als Person nicht in Frage stelle. So gut kannte ich ihn nicht, aber auch er war »nur« ein Mensch mit vielen Stärken und Schwächen und sicherlich ist nicht alles, was er in seinem Leben gemacht hat, in Ordnung.

Auch wenn ich heute sehr wohl auch sehe, was teilweise aus dieser tollen Idee des Allfinanzangebotes gemacht wurde, finde ich die Ursprungsidee dahinter nach wie vor grandios.

Ich stelle ihn nicht auf einen Sockel, sondern sehe sehr wohl den Menschen auf gleicher Augenhöhe.

Aber es gibt auch ganz »normale« Menschen, die ich in gewisser Weise bewundere.

Meine Schwester Susanne bewundere ich. Sie hat drei Kinder, führt eine vorbildliche Ehe, ist selbstständig, hat ein großes Haus zu versorgen und sie hat meine Großmutter bis zu ihrem Tod versorgt. Das alles meistert sie mit einer Selbstverständlichkeit, die ich beachtlich finde. Ich habe großen Respekt vor ihrer Leistung und bin mir nicht sicher, ob ich das an ihrer Stelle auch geschafft hätte.

Meinen Bruder Michael bewundere ich. An anderer Stelle habe ich schon darüber berichtet, dass er sehbehindert ist, und die Art und Weise wie er sein Leben meistert, finde ich bewundernswert.

Meinen Bruder Franz bewundere ich. Er strahlt schon immer mit der Sonne um die Wette und wurde bereits in der Grundschule als

»Sonnenschein« von seiner Lehrerin bezeichnet. Seine positive Lebenseinstellung und Zuversicht ist nachahmenswert. Er ist ein Mensch, der alles erreicht, was er sich vornimmt, und ich bin unglaublich stolz auf ihn.

Meinen Mann bewundere ich für die Art und Weise, wie er mich gepflegt hat, ohne mir die Würde zu nehmen und ohne mir jemals das Gefühl zu geben, ihm eine lästige Pflicht zu sein.

Meine Freundin Birgitta bewundere ich dafür, wie sie ihre Krankheit annimmt und bekämpft, ohne an ihr zu verzweifeln und sich selbst aufzugeben.

So könnte ich fast jeden Menschen in meinem Umfeld aufzählen – denn JEDER hat etwas Einzigartiges und Bewundernswertes erlebt oder gemeistert – und jeder ist damit etwas BESONDERES.

FÜR DICH:

Mache dir bewusst, dass auch du etwas hast, was bewundernswert ist – du bist nicht besser oder schlechter als andere – wir sind alle gleich und alle gleich bewundernswert!

**Schönheit**

Die Schönheit liegt nicht im Antlitz.
Die Schönheit ist ein Licht im Herzen.

*Khalil Gibran (1883 - 1931)*

Wir bezeichnen alles als schön, das harmonisch und ästhetisch aussieht.

Das können Landschaften, Häuser, Städte usw. sein. Aber ich möchte in diesem Kapitel darüber sprechen, welche Menschen wir schön oder hässlich finden.

In unserer Gesellschaft sind Menschen dann schön, wenn Sie jung, schlank und gesund sind. Alles, was nicht diesen Idealen entspricht, ist in unseren Augen, wenn schon nicht hässlich, dann mindestens unästhetisch. Dies wird natürlich von den öffentlichen Medien unterstützt und gefördert.

Die schönen Menschen sind für gewöhnlich beliebter, erfolgreicher, sexyer und reicher. Man denke beispielsweise auch an Filme wie »der Glöckner von Notre Dame«, »die Schöne und das Biest«, u.v.m.

Falten haben, alt sein, dick sein, eine sichtbare Behinderung oder irgendwie »entstellt« zu sein, das geht in unserer Gesellschaft gar nicht. Deswegen haben auch Schönheitschirurgen Zulauf wie noch nie.

Erst neulich hatte ich eine Diskussion mit einer Freundin darüber, dass »schöne« Menschen bessere Jobs bekommen als andere. Dabei stellt sich in erster Linie die Frage: Was ist schön?

Was vor 3000 Jahren als hübsch und sexy galt, muss heute nicht als schön gelten. Und andersherum.

Im alten Ägypten zum Beispiel (ca. 1292 - 1069 v. Chr.) waren die Schönheitsideale so definiert: schmale Schultern, eine hohe Taille und ein möglichst symmetrisches Gesicht. Die Augen wurden stark geschminkt, mit schwarzem Kohle-Kajal.

In der italienischen Renaissance hingegen (ca. 1400 bis 1700) wurden die Schönheitsideale üppiger: runde Hüften, ein fülliger Bauch und ein großer Busen waren angesagt.

Die »idealen« Frauenkörper in den Golden Twenties (1920er) waren dann komplett kurvenlos: flache Brust, schmale Hüften – und dazu ein kurzer, jungenhafter Bob.

Und heute? Da werden ein flacher Bauch, große Brüste und ein gesunder Teint als besonders schön empfunden.

Betrachten wir die letzten 100 Jahre, so fällt vor allem eins auf: In jedem Jahrzehnt galten andere Schönheitsideale.

Mal waren Kurven en vogue und Gewichtszunahmen ausdrücklich erwünscht, dann konnten die Models wiederum nicht mager und ausgezehrt genug aussehen.

Oder mit anderen Worten: Eine Kate Moss hätte es in den fünfziger Jahren vermutlich niemals auf die Laufstege geschafft, während Beyoncé in den Swinging Sixties der Twiggy-Ära einen schweren Stand gehabt hätte.

Und das ist auch gleichzeitig das Beruhigende: Was heute als schön und perfekt gilt, kann in ein paar Jahren schon wieder aus der Mode sein. Umso wichtiger ist es, sich von solchen Bildern nicht aus der Ruhe bringen zu lassen. Wer will schon das Abziehbild von XY sein? (Quelle: Brigitte.de)

Ich persönlich finde, dass jeder Mensch auf seine Weise schön ist.

Das sage ich heute – mit der Lebenserfahrung, die ich habe.

Natürlich war das in früheren Zeiten anders, zumindest, was meine Person betraf.

Ich fand mich gar nicht schön – ich war dick und hässlich. OK, ich hatte ganz schöne Augen und auf meine Haare war ich auch ein klein bisschen stolz – aber hübsch oder gar schön?

NEIN, das war ich auf keinen Fall.

Ich entsprach allem anderem als dem gängigen Schönheitsideal. Und genau das habe ich ausgestrahlt!

Ich mochte mich selbst nicht – deswegen hatte ich eine dementsprechende Ausstrahlung.

Das sieht man übrigens auch auf den (wenigen) Fotos von mir – es gibt so gut wie keine Fotos aus dieser Zeit. Da ich mich nicht sehen wollte, habe ich mich geweigert mich fotografieren zu lassen.

Mittlerweile hat sich das geändert. Seit ich wieder laufen kann, habe ich mich (nicht nur äußerlich) sehr verändert.

Ich bin einfach nur glücklich über das, was ich die letzten Jahre geschafft habe, glücklich darüber, wieder mobil zu sein und am Leben teilzuhaben.

Ich lasse mich gerne fotografieren und seltsamerweise finde ich nun, dass ich fotogen bin. Selten, dass mir ein Foto nicht gefällt. Warum ist das so?

Jetzt, mit 50 Jahren, habe ich mich mit mir und meinem Körper »ausgesöhnt« und, ja, ich finde ernsthaft, dass ich schön bin. Mein Körper entspricht sicherlich nicht dem Ideal – aber ich habe (wenn ich auf die Fotos sehe) ein innerliches Strahlen – ich mag mich, wie ich bin und das strahle ich aus – DAS macht mich schön und ich selbst finde, dass ich jünger aussehe als mit 30. Dabei ist durch die Abnahme mein Körper – vor allem hüftabwärts regelrecht entstellt. Ich habe derzeit noch viele Operation zur Wiederherstellung eines einigermaßen ästhetischen Körpers vor mir. Und doch finde ich selbst meinen Körper schön. Ich bin ihm sehr dankbar, dass er alles, was ich ihm angetan habe, mitgemacht hat. Er ist wundervoll und einmalig.

Also ist doch hiermit bewiesen, dass Schönheit in erster Linie etwas ist, was mit Eigenliebe zu tun hat. Wenn ich in der Lage bin, mich anzunehmen, mich zu lieben, wie ich bin, strahle ich das auch nach außen und DAS macht schön.

Und wer diese innere Schönheit nicht sieht und nur nach oberflächlicher Schönheit sieht, hat noch nicht verstanden, dass es im Leben nicht darum geht.

FÜR DICH:

Zeige dich, wie DU wirklich bist. Zeige deine innere Schönheit und vergiss die Macken und Makel. Strahle und leuchte mit der Sonne um die Wette, denn nur darauf kommt es an. Wenn du dich wohlfühlst, strahlst du noch mehr.

Denk immer dran: Du bist was ganz Besonderes, du bist einzigartig und liebenswert!

Entfalte dich wie eine Blume in der Sonne und leuchte!

## Berufung

<u>Wesentliche Lebensaufgabe: das Leben jeden Tag von neuem zu beginnen, als wäre dieser Tag der erste – und doch alle Vergangenheit, mit all ihren Resultaten und unvergessenen Gewesenheiten, darin zu sammeln und zur Voraussetzung zu haben.</u>

*Georg Simmel*

*(1858 - 1918), deutscher Philosoph und Soziologe, einer der Begründer der formalen Soziologie*

Ich habe dieses Buch mit dem Kapitel Berufung begonnen und möchte es mit dem Titel Berufung beenden.
In den letzten Jahren habe ich gelernt, dass die meisten Menschen auf der Suche sind. Auf der Suche nach sich selbst.

Dazu suchen sie meistens im Außen. Sie geben die Verantwortung für ihr eigenes Leben ab. Auch ich habe das jahrelang gemacht. Es war so einfach zu sagen, ich kann ja nichts dafür. Ich habe von anderen erwartet, dass sie mir helfen. Als ich gemerkt habe, dass Ärzte mir nicht helfen können, bin ich zu Heilern gegangen, habe mir Kartenlegen lassen, habe Rückführungen gemacht und mein Heil mit allen möglichen Hilfsmitteln gesucht.

Dann kam der Zusammenbruch. Ich war ans Bett gefesselt, konnte nicht raus und mir blieb nichts anderes übrig, als über mich und mein Leben nachzudenken.

Ich sage immer, andere Menschen gehen auf den Jakobsweg, ins Kloster, fahren nach Indien usw., um zu sich zu finden.

Das Gleiche habe ich auch gemacht – aber bei mir zuhause.

Es war eine schwierige Zeit, aber im Rückblick war es die genialste Zeit meines Lebens.

Ich durfte zu mir finden und erkennen, dass letztendlich alles in uns ist. Wir können das Heil nicht im Außen suchen – es ist alles in uns!

Und wenn wir das erkannt haben und in Verbindung mit unserer Seele sind, können wir unser Leben selbst bestimmen. Wir können im wahrsten Sinne des Wortes aussteigen. Aussteigen aus der Schublade in die wir unser Leben lang gesteckt wurden, und alles machen, was wir wollen.

Lange Zeit konnte ich das nicht in Worte fassen. Wie macht man anderen klar, dass sie Schöpfer sind? Ist das nicht alles verrückt und abgehoben? Ich will nicht in die Esoterikecke gestellt werden. Nicht »abgehoben« wirken, aber ich glaube, dass es meine Aufgabe ist, die Erfahrungen, die ich gemacht habe, weiterzugeben.

Deswegen werde ich künftig als Coach zur Verfügung stehen – ich werde Vorträge halten und meine Geschichte erzählen. Nicht um mich wichtig zu machen – es gibt viele Menschen, die Größeres geleistet haben. Aber vielleicht kann ich durch das Erzählen meiner Geschichte andere Menschen motivieren, ihr Leben selbst in die Hand zu nehmen. Sicherlich kann ich ihnen einen möglichen Weg aufzeigen. Ob sie ihn letztendlich gehen, müssen sie selbst entscheiden.

Auf jeden Fall möchte ich nicht nur durch dieses Buch, sondern auch durch die Vorträge und das Coaching dem einen oder anderen helfen, sein Licht zu sehen. Zu erkennen, dass jeder Mensch einmalig und etwas Besonderes und sehr liebenswert ist. Und zu erkennen, dass es unser alles Lebenszweck ist, Licht und Liebe auszustrahlen.

Wenn wir das alle machen würden, gäbe es Frieden auf der Welt. Vielleicht kann ich damit, dass ich mich bemühe, mein Licht an andere weiterzugeben, ein kleines bisschen dazu beitragen.

**Schlusswort: Demut und Dankbarkeit**

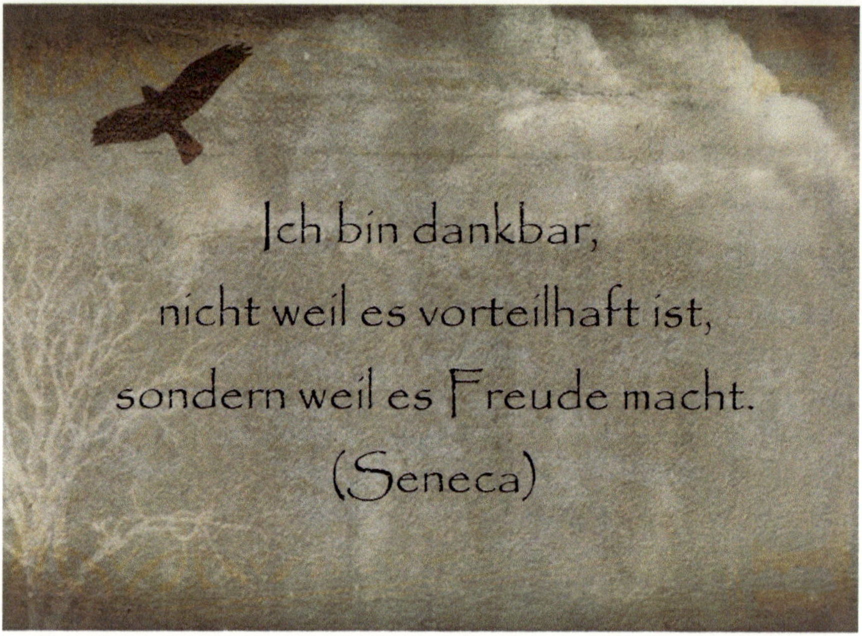


... Leider lässt sich eine wahrhafte Dankbarkeit mit Worten nicht ausdrücken.

*Johann Wolfgang von Goethe (1749 - 1832)*

Ich durfte so viele Wunder erleben, dass ich es nicht in Worten ausdrücken kann, wie dankbar ich dafür bin, deswegen mache ich es kurz und möchte mich bedanken:

- beim Universum,
- bei meinen Eltern, die mir geholfen haben, zu dem Menschen zu werden, der ich bin
- bei Dr. Schnoz, der immer an mich geglaubt hat
- bei Dr Orler, der mich trotz seiner Bedenken operiert und mir vertraut hat
- bei Thomas Scharregg, der immer mit Rat und Tat zur Stelle war, wenn ich gar nicht mehr weiter wusste
- bei meiner Physiotherapeutin Elke Schepens, die immer da war und weit mehr als meine Physio ist
- bei Michelle Muri, die mir geholfen hat, fit zu bleiben
- bei Pasquale und Isabell de Rosa, für alles, was durch die Bekanntschaft mit ihnen ins »Rollen« kam und dafür, dass sie uns das Einleben in unserer neuen Heimat so einfach gemacht haben
- bei Anita Stadelmann, für ihre heilsamen Engelseminare, ihre wundervollen Engelseelenbilder und vor allen Dingen für ihre Freundschaft.
- bei meinen Facebook-Freunden, die an vielen Tagen meine einzigen Kontakte nach außen waren
- bei Eva Maria und Michael Mora; ihre Seminare und Bücher und die daraus gewonnenen Erkenntnisse waren ursächlich dafür, dass ich »durchgehalten« und den Glauben nicht verloren habe
- bei meinem Mann, der mich nicht nur gepflegt hat, sondern auch ansonsten mit seiner bedingungslosen Liebe immer zu mir steht. Mir ist sehr bewusst, dass ich ohne ihn heute wahrscheinlich, wenn ich überhaupt noch leben würde, im Rollstuhl wäre und wahrscheinlich in einem Heim leben würde.

Er ist das Beste was mir in meinem jetzigen Leben passiert ist – ohne ihn wäre ich nichts!

## DANKE AN ALLE

Ich möchte dieses Buch mit einem Zitat meines Mannes beenden und wünsche euch allen, dass ihr euch diesen Satz gut merkt:

**Wie das nach außen wirkt, ist sowas von egal ... wenn du mit dir selbst zufrieden bist, dann sind es andere auch … Es ist wichtig, was DU und nur DU von Dir denkst, denn das bestimmt dein Leben!**

*© 2015 Dieter Leyendecker*

## Teil 3

In diesem Teil möchte ich auf die über das Lip- Lymphödem und seine Ursachen eingehen.

Millionen Frauen sind von dieser Krankheit betroffen, ohne es zu wissen. Die Dunkelziffer ist sehr hoch und Ärzte sind weitestgehend unwissend auf diesem Gebiet.

Was ist ein Lipödem eigentlich?

Unter einem Lipödem (»Fettstauung«) versteht man eine beidseitige Schwellung von Beinen, Armen oder anderen Körperteilen, bei der das Fettgewebe vermehrt ist und die gleichzeitig vermehrt Flüssigkeit enthält.

In der Regel reicht die Schwellung vom Beckenkamm bis zu den Knöcheln, die Füße sind vollständig ausgespart.

Je nach Ausprägung kann sich daher an den Knöcheln ein Vorsprung finden (»Fettkragen«), an dem die Fetteinlagerung plötzlich beginnt.

Die Betroffenen klagen anfangs über Spannungsgefühle in den geschwollenen Gebieten, später kommen Berührungsempfindlichkeit und oft starke Dauerschmerzen hinzu.

Besonders starke Schwellungen finden sich an den Hüften (»Reiterhosen«), den Oberschenkel-Innenseiten und der Innenseite der Kniegelenke.

Oberhalb der Knöchel staut sich häufig das Fettgewebe besonders intensiv (»Fettmuff«). Neben den Beinen können auch die Arme, der Nacken, letztlich der ganze Körper betroffen sein.

Meist ist der Oberkörper erheblich schlanker, die Hüften und Beine scheinen nicht zum gleichen Menschen zu gehören. Die betroffenen Frauen benötigen für Hosen und Röcke zwei Nummern stärkere Konfektionsgrößen als für Blusen und Jacken.

Die Schwellung ist immer symmetrisch. Die Beine verlieren langsam die Form.

Knöchel und Knie sind kaum noch erkennbar, die Beine nehmen die Form von Säulen oder Trichtern an.

Das Lipödem ist ab einem gewissen Stadium nicht nur schmerzhaft, die Betroffenen klagen auch über Einblutungen (»blaue Flecken«), selbst wenn sie sich nur minimal stoßen.

Oft können sie sich nicht mehr erinnern, wo sie sich die vielen Stöße zugezogen haben.

Auffallend ist, dass die Haut in fortgeschrittenem Stadium des Lipödems häufig kühl und schlecht durchblutet ist.

(Quelle: http://www.weiss.de/krankheiten/lymph-lipoedem/lipoedem/)

## Was ist ein Lymphödem eigentlich?

Reicht die mechanische Fähigkeit zum Abtransport von Lymphflüssigkeit aus verschiedenen Gründen nicht aus, kommt es zu einem eiweißreichen Ödem, das praktisch an jeder Stelle des Körpers auftreten kann. Dieses Ödem neigt ohne Therapie zu einer langsamen, aber chronischen Verschlechterung.

Die Schwellung beim Lymphödem ist meist einseitig. In den frühen Stadien ist das Gewebe tief eindrückbar, das Wasser lässt sich leicht verschieben, daher bilden sich im ersten Stadium Dellen auf Daumendruck. In dieser Phase lassen Stauungsbeschweren und Schwellungen nach, wenn die geschwollene Körperregion (z.B. ein Bein) hochgelagert wird.

Das sich einlagernde Eiweiß führt über nichtbakterielle Entzündungen zu Verhärtungen des Gewebes (Fibrosen) und krankhaften Veränderungen der Lymphgefäße (Lymphangiosklerosen). Schließlich entsteht daraus ein sekundäres Lymphödem. Dann liegt ein Lipo-Lymphödem vor. Dies ist an der Schwellung des Fußrückens (»Lymphsee«), vertieften Falten an den Zehen-Ansätzen (Zehengrund) und einem positiven Stemmer'schen Zeichen[2] erkennbar.

**Wichtiger Hinweis:** Das sekundäre Lymphödem, das aus einem Lipödem ein Lipo-Lymphödem macht, kann in allen Stadien des Lipödems entstehen!

Behandlungsmöglichkeiten

- Das Lipödem entsteht nicht ernährungsbedingt **und ist somit nicht durch Fastenkuren zu beseitigen**.
- Betroffene mit Übergewicht sollten jedoch in jedem Fall versuchen, ihr Körpergewicht zu reduzieren.
- In Verbindung mit sportlicher Aktivität wirkt sich dieses auf jeden Fall positiv auf die Erkrankung aus.

- **Wichtig:** Bewegung und Sport sollten immer in der Kompression erfolgen, um einen Umfangszuwachs zu vermeiden. Bei Wassergymnastik oder beim Schwimmen erzeugt der Wasserdruck die Kompression.
- Spazieren gehen, Wandern, Aerobic, Steppen, Radfahren oder Ausdauertraining auf dem Laufband gehören zu den empfohlenen Sportarten.
- Durch Salben oder Medikamente kann ein Lipödem nicht beeinflusst werden.
- Operative Eingriffe in Form von Liposuktion (Fettabsaugung) sind möglich, wobei vorher abgeklärt sein muss, ob bereits eine Lymphabflussstörung vorliegt, um Folgeschäden zu vermeiden.

## Literaturhinweise – Links


- **Brücke zum Licht,** http://www.bruecke-zum-licht.com privater Blog Ursula Maria Ruf
- **Engelseelenbilder,** http://www.engelseelenbilder.de Anita Stadelmann, Engelseminare und Seelenbilder
- **Quantum Engel Heilung. Energietherapie und Kommunikation mit Engeln**, Eva Maria Mora
- **Cosmic Recoding - Die neue Energiemedizin: Lichtvolle kosmische Codes für Heilung, Liebe und wahre Freiheit**, Eva Maria Mora
- **Gespräche mit Gott**, Neale Donald Walsch
- **Ho'oponopono: Das hawaiianische Vergebungsritual,** Ulrich Emil Duprée
- **Lehrbuch der Lymphologie**, Földi, M., Földi, E., Kubik, 6. Aufl. 2005, Urban & Fischer
- **Das Lymphödem und verwandte Krankheiten**, Földi, 9. Aufl. 2009, Urban & Fischer
- **Lymphologie in Forschung und Praxis** (LymphForsch) Viavital-Verlag Essen; ISSN: 1433-5255
- **The European Journal of Lymphology and Related Problems**
  ISSN: 0778-5569
- **Lymphology**
  International Society of Lymphology; ISSN:0024-7766
- **Phlebology**
  Schattauer Verlag Stuttgart; ISSN:0939-978X